François Caudwell

Ressusciter avec le Christ

François Caudwell

Ressusciter avec le Christ

45 prédications pour des services funèbres

Éditions Croix du Salut

Impressum / Mentions légales

Bibliografische Information der Deutschen Nationalbibliothek: Die Deutsche Nationalbibliothek verzeichnet diese Publikation in der Deutschen Nationalbibliografie; detaillierte bibliografische Daten sind im Internet über http://dnb.d-nb.de abrufbar.

Alle in diesem Buch genannten Marken und Produktnamen unterliegen warenzeichen-, marken- oder patentrechtlichem Schutz bzw. sind Warenzeichen oder eingetragene Warenzeichen der jeweiligen Inhaber. Die Wiedergabe von Marken, Produktnamen, Gebrauchsnamen, Handelsnamen, Warenbezeichnungen u.s.w. in diesem Werk berechtigt auch ohne besondere Kennzeichnung nicht zu der Annahme, dass solche Namen im Sinne der Warenzeichen- und Markenschutzgesetzgebung als frei zu betrachten wären und daher von jedermann benutzt werden dürften.

Information bibliographique publiée par la Deutsche Nationalbibliothek: La Deutsche Nationalbibliothek inscrit cette publication à la Deutsche Nationalbibliografie; des données bibliographiques détaillées sont disponibles sur internet à l'adresse http://dnb.d-nb.de.

Toutes marques et noms de produits mentionnés dans ce livre demeurent sous la protection des marques, des marques déposées et des brevets, et sont des marques ou des marques déposées de leurs détenteurs respectifs. L'utilisation des marques, noms de produits, noms communs, noms commerciaux, descriptions de produits, etc, même sans qu'ils soient mentionnés de façon particulière dans ce livre ne signifie en aucune façon que ces noms peuvent être utilisés sans restriction à l'égard de la législation pour la protection des marques et des marques déposées et pourraient donc être utilisés par quiconque.

Coverbild / Photo de couverture: www.ingimage.com

Verlag / Editeur:
Éditions Croix du Salut
ist ein Imprint der / est une marque déposée de
AV Akademikerverlag GmbH & Co. KG
Heinrich-Böcking-Str. 6-8, 66121 Saarbrücken, Deutschland / Allemagne
Email: info@editions-croix.com

Herstellung: siehe letzte Seite /
Impression: voir la dernière page
ISBN: 978-3-8416-9874-2

Copyright / Droit d'auteur © 2013 AV Akademikerverlag GmbH & Co. KG
Alle Rechte vorbehalten. / Tous droits réservés. Saarbrücken 2013

François Caudwell

Ressusciter avec le Christ

45 prédications pour les services funèbres

INTRODUCTION

Le ministère pastoral s'organise en fonction d'un planning de célébrations, de rencontres, de réunions, de visites, etc. Au milieu de cette planification, dont l'agenda est un symbole, surgissent soudain des appels de détresse, auxquels il convient de répondre sans attendre. A travers eux, le Christ fait signe à ses serviteurs afin qu'ils manifestent sa miséricorde et sa tendresse.

Parmi ces appels, les plus fréquents sont liés à des deuils. Ils réclament alors une disponibilité presque immédiate, un accompagnement souvent difficile, et la préparation d'un service funèbre avec une certaine urgence.

Le nombre des ministres du culte diminue, mais pas celui des deuils. Bien que des familles se passent désormais des services d'une Eglise pour un dernier adieu, la charge des célébrations d'obsèques devient de plus en plus lourde pour les pasteurs et les prêtres. Des paroisses en arrivent à intégrer des équipes de laïcs pour accompagner les familles dans le deuil, et même parfois pour célébrer les funérailles.

Dans ces circonstances, il n'est pas toujours aisé de trouver du temps pour préparer, avec la sérénité nécessaire, un message approprié, proclamant la bonne nouvelle de Pâques. Des aides à la prédication, des recueils de textes, des commentaires bibliques des péricopes utilisées pour les obsèques existent déjà[1]. C'est avec reconnaissance qu'il m'est arrivé de les utiliser, en les adaptant aux deuils auxquels j'étais confronté. Tout en réalisant, à chaque fois, que rien ne saurait remplacer un message personnalisé, rédigé en méditant les textes de l'Ecriture, la vie du défunt et sa situation familiale.

---

[1] Cf. par exemple : MONLOUBOU Louis, *Nouvelles homélies pour les morts*, Mulhouse, 1981 ; GRUAU Maurice, *Résurrection – Homélies et prières pour la célébration des enterrements*, Paris, 1992 ; PROUX Joseph, *Je viens vers toi – Paroles pour la sépulture chrétienne*, Magny-les-Hameaux, 2005 ; « Paroles de Vie – 59 textes bibliques pour les funérailles », *Cahiers Evangile* n°120, juin 2002.

Les services funèbres occupent une part non négligeable de mon ministère pastoral. Je les accueille comme des invitations de la part du Seigneur à accompagner fraternellement des familles en souffrance, et à annoncer l'Evangile du salut et de la résurrection à un public qui, bien souvent, ne fréquente plus les cultes dominicaux. Au fil des années, j'ai acquis, par la grâce de Dieu, une certaine expérience. Je me suis constitué un choix de textes pouvant servir de fondements à des prédications pour des contextes diversifiés.

Ce livre est le résultat de cet aspect de mon ministère. En préparant ce recueil, j'ai pensé à mes collègues, pasteurs ou prêtres, aux laïcs engagés dans les funérailles, pris par le temps ou par le stress, qui pourraient trouver un peu d'aide dans les exemples de prédications que je propose. Ces messages ont tous été utilisés, à quelques adaptations et corrections près, dans le cadre de services funèbres que j'ai célébrés. Leur durée dépasse rarement dix minutes. Pour l'édition, j'ai volontairement changé le prénom des personnes défuntes.

Le lecteur le remarquera certainement : le contexte de mon ministère est celui d'une paroisse semi rurale ; les défunts étant souvent issus de milieux agricoles ou ouvriers. Il s'agit bien sûr en majorité de personnes malades ou âgées. Quelques mots-clés, en en-tête de chaque prédication, permettront aux utilisateurs de ce recueil de connaître brièvement la situation des défunts ou de leurs familles.

Ces messages ne sont que des exemples, fruits de mon ministère et de ma sensibilité. Ils peuvent éventuellement être repris tels quels. J'imagine pourtant qu'ils seront surtout utilisés comme des tremplins pour lancer la réflexion du prédicateur, qui saura ensuite les adapter en fonction de son inspiration et de son public.

Les textes bibliques choisis sont généralement des péricopes couramment utilisées à l'occasion de célébrations d'obsèques. Toutes les citations sont extraites de la *Traduction Œcuménique de la Bible* (édition 2010).

J'espère offrir, avec ce livre, un soutien modeste à ceux qui, comme moi, se trouvent appelés à proclamer l'Evangile à des personnes dans le deuil, désemparées, parfois désespérées. Pour beaucoup d'entre elles, dans le contexte actuel, la force de la Parole de Dieu et la foi au Christ ressuscité ne restent que de lointains souvenirs.

Dans une société qui ne sait plus comment affronter la mort, les disciples du Seigneur ont un rôle irremplaçable à jouer. Ils savent que Jésus est ressuscité et qu'il demeure avec eux jusqu'à la fin des temps. Ils savent qu'il est mort et revenu à la vie en faveur de tous les êtres humains, et que le dernier mot adressé à nos existences sera celui de l'amour. Ils ne peuvent pas se taire, quand on leur demande de proclamer cette bonne nouvelle à l'occasion d'un « enciellement[2] ». *Nous le savons,* écrivait l'apôtre Paul, *celui qui a ressuscité le Seigneur Jésus nous ressuscitera nous aussi avec Jésus, et il nous placera avec vous près de lui* (2Co[3] 4,14).

François Caudwell, juin 2013

---

[2] Néologisme poétique, que j'ai découvert à l'occasion des obsèques d'un moine. Dans une perspective chrétienne, « enciellement » remplace avantageusement le triste mot d' « enterrement ».
[3] Les abréviations des livres bibliques sont celles de la *TOB*.

45 PREDICATIONS

POUR DES

SERVICES FUNEBRES

Combat / Générosité / Justice / Maladie / Service

1
Heureux ceux qui ont faim et soif de la justice
2 Timothée 4,6-8
Matthieu 5,1-12

Un ami fidèle n'a pas de prix, c'est un bien inestimable ; qui l'a trouvé a trouvé un trésor (Si 6,14-15). Aujourd'hui, nous ressentons douloureusement la vérité de cette parole. La perte d'un ami, d'un époux, d'un père comme le fut Gérard est même davantage que la perte d'un trésor. C'est une partie de nous-mêmes qui nous est arrachée…

Le lien de l'amour et de l'amitié est tellement solide qu'on en viendrait à douter qu'il soit définitivement rompu. Ne survivrait-il pas à la rupture de la mort ? La Bible dit que *l'amour ne disparaît jamais* (1Co 13,8). Parce qu'il est une manifestation de la présence de Dieu, il est en nous semence de vie éternelle.

Dans notre première lecture, l'apôtre Paul sait que sa mort approche. Il parle d'un *départ* (2Tm 4,6). Littéralement, il utilise l'image d'un navire qui va lever l'ancre. Pour lui, la mort n'est pas une fin ; elle largue les amarres vers une autre destination. Paul évoque aussi un achèvement. Sa mort sera le terme d'une vie bien remplie. Et il précise que ce qui a rempli sa vie ne saurait disparaître.

Il résume ainsi son existence : offrande, combat, fidélité. Sa vie fut tournée vers les autres, donnée au Christ et à son prochain. Elle fut un combat souvent difficile. Paul a connu la persécution, les privations, la faim, la maladie, la solitude… Il est actuellement dans l'attente d'une condamnation sur laquelle il ne se fait aucune illusion.

Sa vie fut marquée également par la fidélité. Il dit : *J'ai gardé la foi* (v.7). Dans toutes ses épreuves, Paul avait l'assurance qu'il pouvait toujours compter sur la présence de Jésus-Christ à ses côtés. Il savait que Christ vivait en lui. Dans les pires moments de détresse, il expérimentait la communion avec le Seigneur. C'est dans cette même lettre à son ami Timothée que Paul écrit : *Si nous mourons avec le Christ, avec lui nous vivrons. Si nous souffrons avec lui, avec lui nous règnerons* (2,11-12).

Le Christ révèle ce visage de Dieu : celui de l'amour. Dieu n'est pas un tyran qui imposerait la souffrance, qui écraserait l'homme par sa puissance et par sa distance. En Christ, Dieu souffre. Il vient élever l'homme en s'abaissant jusqu'à lui, en s'unissant à lui. Dieu vient à nous pour nous conduire à lui. *Dès maintenant*, dit encore l'apôtre, *m'est réservée la couronne de justice* (4,8).

Ceux qui ont connu Gérard savent combien sa vie fut animée par le désir de servir, par l'attention aux autres, par le souci de la justice et de la paix. Et ceux qui ont rencontré Gérard ces derniers mois ont encore lu sur son visage affaibli le combat d'un homme contre le mal. Il s'agissait cette fois du mal qui rongeait son corps. Il continuait à mener, d'une autre manière, ce *combat* (v.7) dont parlait l'apôtre, qui est celui du Christ et qui consiste à délivrer l'homme de tout ce qui l'écrase.

Il en est un dont Gérard ne pouvait seul sortir vainqueur, c'était le combat contre la mort. Mais le Christ, son compagnon de souffrance, l'avait mené avant lui, pour lui. Un certain vendredi, il y a bien longtemps, Jésus-Christ aussi est mort. Trois jours après, il s'est montré vivant à ses disciples. Et il leur a confié cette mission extraordinaire : celle de témoigner au monde qu'en lui, définitivement, la mort a été vaincue. Désormais, *si nous mourons avec lui, avec lui nous vivrons* (2,11).

Tel est le message transmis par l'Evangile des béatitudes que nous avons entendu. Les béatitudes parlent de bonheur, et d'abord de celui que Gérard a connu avec nous, par sa tendresse, par sa *faim et sa soif de justice* (Mt 5,6), par sa simplicité, en étant artisan *de paix* (v.9), en vivant à sa manière comme témoin du Christ. Ce ne fut pas toujours facile ! Là aussi, ce fut un combat. Parfois contre lui-même, car Gérard n'était pas parfait. Mais il pressentait dans les idéaux qui le faisaient avancer dans la vie un chemin de lumière, un bonheur possible pour les autres et pour lui-même.

Les béatitudes évoquent encore un autre bonheur, à l'issue de nos efforts terrestres. Elles annoncent l'accomplissement de nos espérances et de notre foi : *Le Royaume des cieux est à eux..., ils verront Dieu..., ils seront appelés fils de Dieu...* Ce bonheur est une promesse. Il est fondamentalement ce que Dieu veut pour chacun de nous : *joie* et *allégresse* (v.12) ! Il est ce que Dieu nous a déjà donné par la résurrection de Jésus-Christ.

Malgré notre douleur, nous pouvons aujourd'hui prier dans la reconnaissance. Parce que nous savons que nous remettons notre ami dans de bonnes mains, dans celles du Christ qui se sont étendues pour l'accueillir, dans celles du Père qui se sont tendues pour l'embrasser.

Gérard n'est plus avec nous. Mais avec nous, il est gardé dans l'amour de Dieu qui ne disparaît jamais et qui est promesse de vie éternelle. *Le Royaume des cieux est à lui* (v.3) !

Il reste *ceux qui pleurent* (v.5)... Les béatitudes parlent de ceux qui sont affligés, qui sont dans le deuil. Il reste l'immense douleur de la séparation pour toute la famille de Gérard, pour nous tous... Ne séchons pas nos larmes trop vite! Oui, la consolation viendra ; *ceux qui pleurent seront consolés* (id.) au temps promis des retrouvailles. Mais aujourd'hui, nos larmes restent la plus profonde expression de notre affection et de notre amitié, comme le furent celles de Jésus constatant la mort de son ami Lazare.

Dans nos larmes se reflète tout ce que Gérard nous a laissé d'irremplaçable. L'eau de nos larmes coule de cette source qui ne tarit jamais : celle de l'amour que Dieu a semé dans nos cœurs. Amen.

Epreuves / Générosité / Humilité / Noël

2
Il a élevé les humbles
Luc 1,46-52
Matthieu 11,25-30

Notre sœur nous quitte dans la période de Noël. Il nous est permis d'y lire un message. Dans la foi, la mort aussi est un enfantement, une naissance. Une vie nouvelle qui s'ouvre sur l'inconnu. Le jour de Noël, nous célébrons la naissance de la vie divine dans le monde des humains. Le décès d'une personne humble et croyante n'est-il pas la naissance d'une vie humaine dans le monde de Dieu ?

Alors que nous sommes, une nouvelle fois, bouleversés par la douleur d'une séparation, voici que retentit le chant de joie de Marie : *Mon âme exalte le Seigneur et mon esprit s'est rempli d'allégresse à cause de Dieu, mon Sauveur* (Lc 1,46-47). Il ne s'agit pas d'une joie facile. Cette joie jaillit du cœur d'une femme, petite et pauvre. C'est la joie de ceux qui connaissent les difficultés et les misères de l'existence. Mais qui savent aussi fonder leur espérance sur les promesses de Dieu.

La crèche de Noël est pour nous le rappel de la proximité du Christ avec les plus humbles. Jésus est né dans une mangeoire, et les premiers à l'avoir contemplé étaient de pauvres bergers. Béatrice aussi a connu une vie humble, proche de la nature, discrète, silencieuse... Une vie où l'effort quotidien visait à donner aux siens un peu de bonheur.

Venez à moi, vous tous qui peinez sous le poids du fardeau, et moi je vous donnerai le repos (Mt 11,28), nous dit Jésus. *Le poids du fardeau...* Tout au long de sa vie, jalonnée de difficultés, de deuils, de maladies, Béatrice a expérimenté ce que c'était ! Mais elle savait aussi trouver sa force, de manière spontanée et peut-être même inconsciente, dans l'invitation du Christ à le suivre.

Je te loue, dit encore Jésus, *Père, Seigneur du ciel et de la terre, d'avoir caché cela aux sages et aux intelligents, et de l'avoir révélé aux tout-petits* (v.25). Sans être théologienne, notre sœur avait découvert une vérité profonde de l'Evangile, un jaillissement de la vie de Dieu en nous : *Il y a plus de bonheur à donner qu'à recevoir* (Ac 20,35). Elle avait fait sienne cette parole de Jésus : *Nul n'a d'amour plus grand que celui qui se dessaisit de sa vie pour ceux qu'il aime* (Jn 15,13).

Tout simplement, elle s'était mise *à l'école* (Mt 11,29) de la générosité. A la suite du Christ qui, *de riche qu'il était, s'est fait pauvre, pour nous enrichir de sa pauvreté* (2Co 8,9). Voilà le *fardeau léger* (Mt 11,30) du Seigneur, proposé à tous ceux qui gardent assez d'humilité pour l'accepter.

Dans le deuil qui nous frappe, la belle figure de Marie, la mère de Jésus, vient nous apporter l'espérance. Marie la porte en elle. Elle est remplie d'allégresse par la contemplation de ce qui survient dans son corps. Petite femme inconnue, humble et discrète, elle accueille la révélation et l'accomplissement du salut de Dieu.

Aujourd'hui, nous avons entendu deux textes de jubilation des Evangiles. La joie de Marie et la joie de Jésus. Voilà qui est étonnant pour un service funèbre ! Pourtant, c'est bien dans les moments de deuil et de souffrances que nous avons le plus besoin de promesses de joie, de ferments d'espérance.

De cette espérance, précisément, annoncée par Marie au début de l'Evangile. Elle porte en elle l'avenir du monde, la puissance qui vaincra le mal et la mort. Très concrètement, Marie annonce la venue en notre monde de Dieu qui vient nous sauver. Le Fils qu'elle attend, l'enfant de la crèche, fera pour tous *de grandes choses* (Lc

1,49). Il sera le crucifié de Golgotha et le Ressuscité de Pâques. En lui, Dieu *portera son regard* sur toutes ses *humbles servantes* (v.48) et sur tous ses humbles serviteurs.

Dieu ne regarde pas de haut. Son regard n'est jamais celui du mépris ou de la condamnation. Son regard vient de plus bas que nous. A Noël, c'est le regard d'un enfant. En Jésus de Nazareth, c'est le regard d'un ami et d'un frère. Le regard de Dieu est celui de l'amour, dont même la mort ne saurait jamais nous séparer.

Toutes les générations me proclameront bienheureuse (v.48), chante Marie. Le bonheur de Marie reçoit en son fils une dimension d'éternité. Ce bonheur est aussi pour Béatrice. A elle qui a beaucoup donné, le Christ a aussi beaucoup donné. Il la fera lever de son sommeil pour la conduire dans sa lumière.

Marie dit que le Seigneur *a élevé les humbles* (v.52). Cette parole pourrait nous sembler vide de sens. Les humbles de cette terre sont toujours plus pauvres, spoliés par les orgueilleux, les riches et les puissants. L'Evangile proclame pourtant qu'ils sont élevés car ce sont eux qui révèlent le visage de Dieu, la présence du Christ en ce monde. Tel est le témoignage que nous laisse Béatrice. Dans le don d'elle-même, elle vivait de la vie de Celui qui a tout donné.

Les humbles sont aussi ceux qui se savent imparfaits. Ils savent accueillir le pardon, celui des autres et celui de Dieu, dont *la bonté s'étend de générations en générations* (v.50). Oui, en faveur de tous le pardon de Dieu est offert. Pour notre sœur qui n'était pas parfaite, et pour nous tous.

C'est pourquoi, face à la mort, il nous est possible de rester sereins. Au moment de notre dernier passage, nous serons accueillis par le Seigneur qui nous aime, qui pose *son regard* (v.48) sur la vie qu'il nous a donnée, et qui reste infiniment précieuse à ses yeux. Le Christ a donné la sienne pour nous faire partager sa résurrection. Amen.

Affection / Engagements / Foi / Gaieté / Maladie longue

3
Venez à moi, vous tous qui peinez
Philippiens 4,4-7
Matthieu 11,28-30

En ce jour de deuil, nous venons d'entendre une lecture de l'épître de la joie, celle de l'apôtre Paul aux Philippiens. Nous avons reçu ces paroles : *Réjouissez-vous dans le Seigneur en tout temps* (Ph 4,4). Cela pourrait paraître déplacé. Mais n'oublions pas que Fernand était un homme de foi et de prière. Au long de sa vie qui n'a pas été facile, il a su où trouver le repos de son âme et la force pour continuer.

La joie proclamée par l'apôtre Paul n'est pas celle des petits plaisirs faciles et fugitifs. Il s'agit d'une joie *dans le Seigneur* (v.4). Elle se fonde sur une assurance : *Le Seigneur est proche* (v.5). Elle n'évade pas du monde. Au contraire, elle nous y plonge, mais avec le Seigneur, avec la certitude de sa présence.

L'investissement de Fernand en faveur de sa famille, de son travail, de l'Eglise, du village, suffit pour nous convaincre qu'un chrétien peut vivre pleinement dans ce monde la joie de la résurrection. Il peut devenir signe de la présence, dans tous les domaines de l'existence, du Seigneur qui a révélé sa gloire dans l'humilité du charpentier de Nazareth.

Fernand confiait ses projets à Dieu dans la prière. Là réside certainement le secret de sa force tranquille. La Bible nous dit aujourd'hui : *Ne soyez inquiets de rien, mais, en toute occasion... faites connaître vos demandes à Dieu* (v.6). Et l'apôtre précise même que nous pouvons le faire dans la reconnaissance.

Cela signifierait-il que tout ne peut qu'aller pour le mieux en faveur de celui qui prie ? Dans ce cas, Fernand n'aurait pas été bien entendu, ainsi que tous ceux qui ont prié pour lui ces dernières années et ces derniers mois… Quelle tristesse d'assister impuissants à l'affaiblissement d'un homme aussi actif !

L'apôtre Paul n'était pas naïf. Dans sa propre vie et dans toutes ses lettres, il n'a rien caché des difficultés de l'existence et des souffrances qui peuvent accompagner la vie chrétienne. Mais il gardait une joie que rien ne pouvait lui ôter, parce qu'il avait reçu la paix de Pâques. Celle-là même qu'il promettait à tous ses lecteurs : *La paix de Dieu, qui surpasse toute intelligence, gardera vos cœurs et vos pensées en Jésus-Christ* (v.7). Sa joie et sa paix ne résidaient qu'en Christ. Il savait que Jésus est vivant, qu'il a vaincu la mort et qu'il nous donne part à sa résurrection.

C'est ce même Jésus qui nous dit : *Venez à moi, vous tous qui peinez sous le poids du fardeau, et moi je vous donnerai le repos* (Mt 11,28). Curieusement, Jésus appelle ici à se mettre en marche pour trouver du repos. Il nous appelle à le suivre, et le reste de l'Evangile montre bien qu'il ne s'agit pas d'une marche de tout repos. Ici aussi, Jésus précise qu'il reste un *joug* (v.30) dans cette marche, quelque chose de lourd à porter. Et le chrétien pense immédiatement à la croix qui fut celle de son Seigneur, le jour du Vendredi Saint.

Si les *jougs* de l'existence peuvent devenir *faciles à porter*, si les fardeaux, en Christ, peuvent devenir *légers* (v.30), ce n'est pas parce qu'ils n'existeraient plus, mais c'est parce que le Seigneur les porte avec nous. Et aussi parce que, quand nous marchons à sa suite, le Christ nous conduit dans le lieu de son repos.

Fernand se nourrissait de la Parole de Dieu. Il voulait fonder sa vie sur les promesses de l'Ecriture. Dans sa faiblesse, ces derniers mois, habitait toujours la force du Christ, la force d'aimer et d'espérer.

Le Seigneur est proche (Ph 4,5), rappelle l'apôtre Paul. Il est donc possible, pour nous tous, de vivre de la réalité de la résurrection. En Christ, Dieu choisit encore d'habiter les plus grandes fragilités de nos existences, pour les transformer en sources de lumière, par la foi, l'espérance et l'amour.

Le Christ Jésus est ressuscité. Il reste avec nous et nous promet de nous prendre avec lui. Juste avant le passage que nous avons entendu, Paul a des paroles qui expriment le secret de la joie de son épître, écrite pourtant dans la souffrance et la captivité : *Notre cité, à nous, est dans les cieux, d'où nous attendons, comme sauveur, le Seigneur Jésus-Christ, qui transfigurera notre corps humilié pour le rendre semblable à son corps de gloire* (3,20-21).

Cette espérance n'évade pas de la cité terrestre, mais elle en rappelle les limites. Des limites avec lesquelles nous sommes durement confrontés aujourd'hui.

Ecoutons ce que Jésus nous dit : *Celui qui écoute ma parole et croit en celui qui m'a envoyé, a la vie éternelle ; il ne vient pas en jugement, mais il est passé de la mort à la vie* (Jn 5,24). Ces limites, le Christ les a franchies, pour nous, pour Fernand, pour nous conduire ensemble dans la paix, le repos et la joie de Dieu. Amen.

Amitié / Cancer / Générosité / Maladie rapide

4
C'est à moi que vous l'avez fait
Matthieu 25,31-40

Ces derniers temps, notre amie nous faisait tristement penser à une bougie en train de s'éteindre. Une bougie qui savait éclairer autour d'elle, apporter de la chaleur, indiquer un chemin. Mais une bougie à la flamme vacillante et fragile. Sa flamme s'est éteinte et aujourd'hui, nous sommes tous dans la nuit. Pourquoi Agnès ? Pourquoi si tôt, si rapidement ? Les questions nous tourmentent. Nous voudrions peut-être crier pour exprimer notre peine et notre révolte.

Nous savons pourtant qu'une bougie éteinte peut être rallumée au contact de la flamme d'une autre bougie, tout aussi fragile.

Dans son agonie, dans sa souffrance, dans ses pleurs, Agnès se rendait toujours plus proche d'une autre bougie, à la flamme aussi faible, aussi vacillante, presque imperceptible : la flamme de l'amour du Christ, Dieu devenu homme de douleurs, le frère souffrant. Sa petite flamme a embrasé le monde entier.

Jésus ne répond pas à tous nos pourquoi, mais il nous révèle le visage de Dieu. Ce Dieu qui accueille, qui aime, qui souffre et qui meurt avec nous. Agnès devenait chaque jour davantage prisonnière de sa faiblesse. Dans son visage fatigué, amaigri et malade, nous avons, sans le savoir peut-être, approché le visage de Dieu.

C'est ce que nous apprend l'Evangile du jugement dernier. Remarquez bien que ce jugement n'est pas celui de la terreur, mais de l'Amour qui reconnaît les siens.

Ceux qui sont accueillis par le Christ sont les premiers surpris. Ils n'étaient pas des piliers d'église ; le texte ne nous parle même pas de leur foi.

Mais ceux qui sont accueillis savaient accueillir, visiter, nourrir, soulager. Nous reconnaissons là notre amie. Si nous pleurons Agnès cet après-midi, c'est parce que chacun d'entre nous, d'une manière ou d'une autre, a pu expérimenter sa générosité et sa bonté. Chacun d'entre nous a trouvé du bonheur en sa compagnie. Elle a apporté lumière et chaleur dans nos vies.

Jésus le Christ la reconnaîtra parmi les siens, parce qu'il s'est uni à ceux qu'elle a aimés. Par le partage de son temps, de ses compétences, de ses biens, Agnès a servi le Seigneur.

Le temps de la maladie est venu. Un temps brutalement court de quelques semaines. Et là aussi, le Christ s'est mystérieusement uni à notre amie. Ce fut au tour d'Agnès d'être visitée, nourrie, soignée. Et Jésus nous dit : *Chaque fois que vous l'avez fait à l'un de ces plus petits, qui sont mes frères, c'est à moi que vous l'avez fait* (Mt 25,40). Le Christ s'unit aux souffrants, et il reconnaît les siens parmi ceux qui soulagent la souffrance. Il est le visiteur et le visité. Il est celui qui donne à boire et celui qui a soif.

Tel est le visage de Dieu que nous révèle l'Evangile. Dieu qui choisit pour lui l'abaissement et l'impuissance. Dieu qui nous aime au point de partager pleinement la faiblesse de nos existences humaines. Dieu dont le feu de l'amour détient la puissance de rallumer, l'une après l'autre, les flammes qui s'éteignent.

La parabole du jugement dernier parle de vie, et de vie éternelle dans le Royaume de Dieu. Elle nous dit qu'une flamme qui s'éteint brillera à nouveau dans la lumière du Christ. C'est bien à Agnès que Jésus s'adresse : *Venez, les bénis de mon*

Père, recevez en partage le Royaume qui a été préparé pour vous depuis la fondation du monde (v.34).

En Jésus-Christ, le Seigneur et Créateur de la vie s'unit à nous afin de nous unir à lui, pour toujours. Dans notre douleur, gardons l'espérance. La flamme de son amour est capable de redonner vie à nos feux qui s'éteignent. Il est pour Agnès et pour tous la résurrection et la vie. Amen.

Deuils / Epreuves / Foi / Mission / Service

5
Disciple, avec le Christ
Job 19,25-27
Matthieu 28,16-20

De toutes les nations faites des disciples, les baptisant au nom du Père et du Fils et du Saint Esprit (Mt 28,19). Le Christ ressuscité confie ici une dernière mission à ses disciples. Ce passage de l'Evangile, nous le lisons quand nous célébrons des baptêmes. Aujourd'hui, nous l'entendons en nous rappelant que le baptême est le sacrement de la résurrection. Nous écoutons la parole de Jésus comme une promesse: Il est vivant pour nous, avec nous, et nous appelle à devenir les ambassadeurs de sa vie nouvelle.

Marie-Claude a voulu donner à son baptême la réponse de sa foi. Elle a trouvé dans le service de l'humain un chemin pour servir concrètement le Christ.

Très tôt, son attachement au Seigneur fut mis à l'épreuve de la souffrance. Mais elle a su traverser les difficultés dans la confiance du Crucifié: *Dieu, mon Père, entre tes mains je remets toute ma vie* (cf. Lc 23,46). Elle expérimentait la force du baptême, qui est une plongée dans la mort et dans la résurrection de Jésus. Unie à lui dans la souffrance, elle a voulu que sa vie témoigne de la puissance de son amour victorieux.

En effet, Marie-Claude s'est efforcée de devenir signe de la tendresse de Dieu pour tous les humains. Jésus dit à ses disciples: *Apprenez-leur à garder tout ce que je vous ai prescrit* (Mt 28,20). Il nous commande d'enseigner l'amour, la foi et l'espérance. Mais comment transmettre l'amour et la confiance ? Les paroles ne suffisent pas. Il convient de devenir et de demeurer disciple du Christ. Disciple dans l'accueil de tout être humain, dans le secours apporté à toute détresse, dans le don de sa vie.

Sur cet itinéraire orienté vers le service, Marie-Claude n'était pas seule. *Je suis avec vous tous les jours jusqu'à la fin des temps* (id.), dit encore le Seigneur. Le Christ ressuscité restait avec elle pour inspirer ses gestes, ses paroles, ses décisions. Le baptême, c'est aussi revêtir le Christ. Vivre avec lui, maintenant et toujours. Recevoir de lui la force d'exister, la joie de servir, la puissance d'aimer, et la vie éternelle.

La mort, Marie-Claude la connaissait bien. Elle avait vu disparaître ceux qu'elle aimait. Confrontée à cette douloureuse réalité, la force qui l'animait était devenue une paisible espérance, fondée sur la résurrection de Jésus-Christ. C'est un message qu'elle a voulu nous laisser ces dernières années.

Son espérance pouvait s'appuyer sur les promesses de la Bible. Comme le proclame ce célèbre verset du livre de Job: *Je sais que mon rédempteur est vivant* (Jb 19,25). Là réside le secret de cette force qui se révélait dans sa faiblesse.

Très affaiblie, très éprouvée, elle était prête à partir. Sans angoisse, sans peur. Elle savait que le Christ, qui l'avait toujours accompagnée, l'attendait encore pour le passage ultime. Il ne s'agissait plus de porter à d'autres la vie du Christ, mais de se laisser désormais porter par la vie du Christ, pour toujours.

Dans la Bible, Job confie à ses amis sa confiance inébranlable: *Après qu'on aura détruit cette peau qui est mienne, c'est bien dans ma chair que je contemplerai Dieu... Mes yeux le verront... Mon cœur en brûle au fond de moi* (v.26-27). Brûlure de la souffrance, ou brûlure du désir, quand la vie se consume et arrive à son terme ?

Les serviteurs de Dieu, et Jésus avec eux, ont connu les deux. Ils seront rassasiés, au-delà de toute attente.

Jésus le Christ est ressuscité ! En sa personne, l'espérance des humains a trouvé son accomplissement. C'est lui le Rédempteur qui nous dit: *Je suis la résurrection et la vie: celui qui croit en moi, même s'il meurt, vivra; et quiconque vit et croit en moi ne mourra jamais* (Jn 11,25-26).

Marie-Claude savait cela. Elle n'aurait pas souhaité que l'on considère sa vie comme exceptionnelle, ou que l'on éprouve le sentiment qu'elle était meilleure que nous. Qu'en savons-nous ? Elle avait simplement compris que la foi au Christ Seigneur pouvait transformer une existence. Et elle en a témoigné.

Recevons à notre tour le message de l'Evangile. Cet enseignement que Jésus confiait à ses disciples: *A ceux qui l'ont reçu, à ceux qui croient en son nom, il a donné le pouvoir de devenir enfants de Dieu.* (Jn 1,12) Amen.

Fidélité / Mort brutale / Prière / Veille

6
Veillez !
Psaume 31, 2-6
Marc 13,33-37

Louise est partie brutalement. Il y a quelques jours encore, elle gardait toute son activité. Une situation aussi inattendue nous rappelle l'avertissement du Seigneur : *Veillez donc, car vous ne savez ni le jour ni l'heure* (Mt 25,13).

Prenez garde, restez éveillés, car vous ne savez pas quand ce sera le moment (Mc 13,33). Jésus adresse ces paroles à ses disciples en conclusion d'un long discours, dans lequel il a évoqué les tribulations de la fin des temps qui annonceront l'heure de son retour. A ce moment-là, manifestement, le monde ne sera pas plus pressé de l'accueillir qu'il ne l'était au jour du Vendredi Saint.

Ses disciples vivront donc des moments difficiles : *Vous serez roués de coups, vous comparaîtrez devant des gouverneurs et des rois à cause de moi* (v.9) ! Dans ce contexte, comment rester fidèle, quand le monde tente de nous éloigner du Seigneur ?

Par ses paroles, Jésus laisse entendre que la situation de ses disciples sera toujours inconfortable. L'homme parti en voyage *a donné au portier l'ordre de veiller* (v.34). Le portier se tient à la limite du monde, sur la tangente. Il est du monde sans être du monde. Il observe ; il attend... Le portier, c'est tout disciple du Christ qui sait que ce monde passe.

Jésus en sera la fin, l'Oméga, l'aboutissement, l'accomplissement. *Veillez donc, car vous ne savez pas quand le maître de maison va venir... Craignez qu'il n'arrive à l'improviste et ne vous trouve en train de dormir* (v.35-36). Jésus met l'accent sur le caractère inattendu et souverain de sa venue.

Un jour, il reviendra. Il nous le promet. Nul ne sait quand sera ce jour. Comme nul ne connaît le jour de sa mort. Pour nous tous, le jour de notre mort sera le moment du passage, le moment pour nous d'aller vers lui, quand Celui qui nous aime et que nous avons aimé nous attendra.

Oui, le Maître, le Seigneur de nos vies, nous attend dans sa maison. Soyons *éveillés* maintenant, et nous le resterons dans sa résurrection. Soyons prêts pour ce jour mystérieux.

Cependant, la veille évoquée par Jésus n'est pas que pour ce jour. Elle est un chemin de vie avec le Seigneur. *Tu me conduiras et me guideras* (Ps 31,4), affirmait notre psaume.

Le Seigneur ne nous demande pas de vivre continuellement dans l'attente de la mort ou de la fin des temps. Nous ne sommes pas les pénitents représentés sur d'anciens tableaux, le regard fixé sur un crâne leur rappelant la brièveté et la vanité de l'existence. *Restez éveillés* (Mc 13,33). Jésus nous appelle à une vie nouvelle, avec un regard bien ouvert sur les réalités de ce monde. Il a confié *à chacun sa tâche* (v.34). Il nous appelle à son service, à marcher à sa suite dans l'amour de Dieu et de tous. La veille préconisée par l'Evangile n'est pas l'anxiété, mais la joie d'exister pour le Christ.

C'est comme un homme qui part en voyage, dit Jésus : *il a laissé sa maison, confié à ses serviteurs l'autorité, à chacun sa tâche, et il a donné au portier l'ordre de veiller* (v.34). Jésus ne nous laisse pas sans rien faire. Mais l'autorité et les tâches qu'il nous confie n'ont pas grand-chose à voir avec celles que le monde met en avant. A sa suite, il s'agit d'humilité et de service, au quotidien.

Demeurer en Christ tous les jours, pour les autres, n'est pas chose facile. La vie est longue, tissée de relations conflictuelles, de fragilités dans la santé, de deuils, de difficultés matérielles.

Où puiser la force de rester un serviteur fidèle ? Notre psaume disait : *Seigneur, j'ai fait de toi mon refuge… Tu me dégageras du filet tendu contre moi, car c'est toi ma forteresse* (Ps 31,2.5). Le maître de maison n'est pas si loin. Il est même déjà là. Jésus semble absent parce que sa présence est désormais invisible, au milieu des siens. Il ne nous laisse pas seuls. Nous pouvons l'appeler avec confiance puisqu'il reste à nos côtés.

Veillez et priez (Mc 14,38), dit le Seigneur. *Restez éveillés dans une prière de tous les instants* (Lc 21,36)… Notre force réside dans la prière, dans notre relation quotidienne avec le Christ. En lui, nous pouvons placer notre espérance : *Seigneur, j'ai fait de toi mon refuge, que je ne sois jamais déçu* (Ps 31,2).

Les psaumes rejoignent nos expériences humaines et nos cheminements dans la foi. Ils expriment nos prières et annoncent leur exaucement. Celui que nous avons écouté nous apporte des paroles de soutien. Le Seigneur est notre force pour maintenant. Il est notre salut pour toujours. *C'est toi ma forteresse. Dans ta main je remets mon souffle. Tu m'as racheté, Seigneur, toi le Dieu vrai* (v.5-6).

Veillez !... Après ces paroles, le récit de l'Evangile de Marc se poursuit avec la passion de Jésus, qui va partager nos souffrances et nos morts. Il remettra son esprit entre les mains de son Père pour nous conduire dans sa résurrection. Le Seigneur est parti nous préparer une place… Amen.

Famille / Maladie / Mort brutale / Sentiment d'injustice / Souffrance

7
Mon âme est triste à en mourir
Jean 14,1-6
Marc 14,32-36

Aujourd'hui, une immense tristesse nous envahit. La perte d'un époux, d'un père, d'un ami, c'est une partie de nous-mêmes qui nous est arrachée. Le lien de l'amour et de l'amitié est tellement solide qu'on en viendrait à douter qu'il soit définitivement rompu. Ne survivrait-il pas à la rupture de la mort ? La Bible dit que *l'amour ne disparaît jamais* (1Co 13,8). Parce qu'il est une manifestation de la présence de Dieu, il est en nous semence de vie éternelle.

Dans l'Evangile de Jean, Jésus évoque cette vie éternelle : *Dans la maison de mon Père, il y a beaucoup de demeures* (Jn 14,2). Des demeures où l'on se sent bien, où chacun peut trouver sa place. Rémi avait ce souci pour les siens. Cette fois-ci, c'est le Christ qui nous les prépare : *Je vais vous préparer le lieu où vous serez* (id.).

Jésus dit encore : *Quant au lieu où je vais, vous en savez le chemin* (v.4). Il est le premier et l'ultime chemin. Il l'est pour nous, quand tout mouvement devient impossible.

Certains diront qu'il n'est pas question ici de mouvement. Ne suffit-il pas du chemin du cœur pour rencontrer le Christ ? Du chemin de la foi et de la prière ? Mais cela, c'est facile à dire quand on possède toutes ses forces. Assailli par les souffrances, ces derniers jours, notre frère était-il encore en mesure de le faire ? Nul ne le sait...

Je suis le chemin (v.6), nous dit Jésus. Mieux que quiconque, le Seigneur connaît nos faiblesses. Ici, il ne parle pas d'un chemin que nous devrions parcourir avec nos forces. Jésus parle de lui-même. Ce chemin n'est pas celui que nous pourrions imaginer faire pour aller à Dieu. Mais c'est le chemin que Dieu a fait pour venir à nous.

Dans les moments de maladie et de faiblesse extrêmes, dans les moments de deuil et de tristesse, quand tout paraît perdu, il nous reste cette assurance qui fonde toute notre espérance : *Dieu est amour* (1Jn 4,8). Rémi a montré aux siens ce qu'était l'amour : vivre unis, proches les uns des autres, dévoués les uns pour les autres... Il a donné à ceux qui l'ont connu une image humaine de ce qu'est l'amour de notre Père qui est aux cieux. Parce que Dieu est amour, il est avec nous et nous veut avec lui. Même dans les ténèbres les plus profondes brille encore la lumière d'une présence, celle du Christ qui nous dit : *Que votre cœur ne se trouble pas... Croyez en moi !* (Jn 14,1)

Je suis le chemin, nous dit Jésus. Le chemin que Dieu a pris pour nous rejoindre, pour vivre au milieu de nous, avec nous et pour nous, c'est la propre vie de son Fils. Il ne dépend donc pas de la conscience que nous en avons, ni de nos difficultés à le concevoir. Jésus est né, il a souffert, il est mort et il est ressuscité. Sa vie se donne aujourd'hui encore, pour partager la nôtre et pour nous conduire *dans la maison de son Père* (v.2). *Personne ne va au Père si ce n'est par lui* (v.6)... Laissons-le donc venir à nous !

On espérait la guérison de notre frère, ou au moins la délivrance de ses souffrances. Peut-être même a-t-on prié dans ce sens. Mais il en a été autrement. Un sentiment d'injustice nous ronge peut-être... Pourquoi Rémi ? Pourquoi nous?

Notre prière a pourtant bien été entendue. Elle a été entendue par un Père qui a reconnu en elle celle de son Fils, celle de Jésus à la veille de sa mort : *Père, à toi tout est possible, écarte de moi cette coupe ! Pourtant, non pas ce que je veux, mais ce que tu veux.* (Mc 14,36) Jésus était envahi par la frayeur et l'angoisse devant la mort. Jésus a fait l'expérience de la tristesse, de la solitude, de l'abandon, de la souffrance et de la mort.

Parce que Dieu est Amour, il s'unit à nous. Il renonce à ce qu'il a, il renonce à ce qu'il est. Dieu répond à nos prières dans le don de lui-même. Jamais Jésus n'est plus proche de nous que lorsque, nous aussi, nous connaissons la peur et l'angoisse, lorsque nous sommes réduits à l'impuissance, lorsque nos visages, comme le sien, sont défigurés par la souffrance, le mal et la mort.

On réclamait la force, mais voici la faiblesse. On réclamait la guérison, mais la maladie poursuivait son œuvre destructrice. On réclamait la vie, mais notre frère est mort. Pourtant le Christ habitait sa faiblesse, le Christ portait sa maladie et le Christ a partagé sa mort. Uni au Christ dans sa souffrance et dans sa mort, Rémi demeure uni au Christ dans sa résurrection. *Là où je suis*, nous dit Jésus, *vous serez vous aussi* (Jn 14,3). Jésus, le chemin, la vie, le compagnon de souffrance, l'ami de notre frère Rémi, l'attend auprès du Père. Amen.

Angoisse / Désespoir / Pâques / Peur de la mort / Tous

8
Mon Dieu, pourquoi m'as-tu abandonné ?
1 Thessaloniciens 4,13-14. 17-18
Marc 15,33 – 16,6

Aujourd'hui, nous avons besoin de nous replacer devant cet événement unique, rappelé par l'apôtre Paul : *Nous croyons que Jésus est mort et qu'il est ressuscité ; de même aussi ceux qui sont morts, Dieu, à cause de ce Jésus, à Jésus les réunira.* (1Th 4,14) Avec nous, Jésus a partagé la souffrance et le sommeil de la mort. Avec lui, nous sommes destinés à recevoir la vie. En son Fils, pour nous tous, Dieu a vaincu la mort !

Il ne l'a pas fait de loin. L'Evangile de Marc nous montre Jésus qui agonise et qui meurt. Il nous décrit, de manière sobre et réaliste, le drame que vit Jésus sur la croix. Ce drame, l'auteur de l'Evangile en a saisi toute l'intensité et la portée.

Dieu a partagé nos souffrances et l'horreur de la mort. La vision de la croix nous montre en Jésus que notre Dieu n'est pas responsable de la mort, mais qu'il en est devenu la victime.

Jésus est oppressé par la douleur. Il est brisé par la solitude. Il est touché par le désarroi et l'angoisse. Au pied de la croix, il n'y a plus que des gens qui l'insultent et les soldats qui le mettent à mort. Ses disciples l'ont abandonné. Quelques femmes, plus courageuses, restent à distance.

A cela s'ajoute la sensation que tout se dérobe, jusqu'à l'amour et la fidélité de Dieu. *Jésus cria d'une voix forte : « Mon Dieu, mon Dieu, pourquoi m'as-tu abandonné ? »* (Mc 15,34) Il reprend, au moment de sa mort, une vieille prière de la Bible, un psaume qui exprime toute l'angoisse de l'humanité devant le danger ou la mort, devant le néant, devant le gouffre, devant l'inconnu : *Le jour, j'appelle, et tu ne réponds pas, mon Dieu ; la nuit, et je ne trouve pas le repos !* (Ps 22,3)

Nul ne peut prétendre, parmi nous, qu'il ne connaîtra pas une telle angoisse, un jour, au moment de l'approche de sa propre mort. Cette angoisse nous étreint parfois déjà, quand nous nous trouvons confrontés, comme aujourd'hui, à la mort de nos proches, au décès de ceux que nous avons aimés. *Mon Dieu, mon Dieu, pourquoi m'as-tu abandonné ?...* Rappelons-nous que ce cri fut aussi celui du Seigneur.

Oui, ce cri n'est pas celui de n'importe quel homme. C'est pourquoi ce cri de détresse poussé par le Fils de Dieu est bouleversant. A quel niveau de désespoir et d'angoisse descend donc Jésus quand il hurle sur la croix ? Personne n'en sait rien. Mais son cri est fondamental pour notre foi chrétienne. Il exprime, mieux qu'un long discours, jusqu'à quel point Dieu, en son Fils, a partagé notre humanité. Jésus a vécu entièrement le tragique de notre situation humaine livrée à la mort.

L'angoisse de Jésus, c'est celle de tout homme, celle que Joëlle a connue, devant le mystère qui approchait. Mais la mort de Jésus, telle que Marc la décrit, au moment où le néant semblait devoir tout absorber, devient une révélation. Au cœur de la nuit apparaît la lumière de Dieu.

Le centurion romain le pressent : *Voyant que Jésus avait ainsi expiré, il dit : « Vraiment, cet homme était Fils de Dieu »* (Mc 15,39). En ce crucifié habite quelque chose d'unique : la présence de Dieu. Pour être allé aussi loin dans l'abaissement, dans le don de lui-même, dans l'amour pour tous et le renoncement à la violence, il fallait que cet homme soit le Fils de Dieu.

La mort de Jésus devient révélation de Dieu et annonce de son œuvre. Cette œuvre, c'est un monde nouveau : *Le voile du Sanctuaire se déchira en deux du haut en bas* (v.38). Un monde d'où sera bannie toute barrière entre les humains. Un monde où Dieu, révélé en Jésus, sera accessible à tout homme, même à un païen, même à ce centurion.

Ce monde nouveau se rend présent dans la résurrection de Jésus. Notre passage évangélique reste discret sur cette résurrection. Elle n'en est pas moins attestée fortement : *Ne vous effrayez pas. Vous cherchez Jésus de Nazareth, le crucifié : il est ressuscité, il n'est pas ici* (16,6). Et elle est confirmée par des signes concrets : la pierre est roulée, *l'endroit où on l'avait déposé* (id.) est vide.

Les femmes, *de grand matin, le premier jour de la semaine, vont à la tombe, le soleil étant levé* (v.2). Mais les pleurs et le deuil n'ont plus de raison d'être. La démarche des femmes venues embaumer le cadavre de Jésus a perdu son objet. La nouveauté que les femmes découvrent au tombeau, c'est le triomphe de la vie. Ce matin de Pâques, le tombeau est vide, le crucifié est ressuscité, Jésus est vivant.

En Jésus et grâce à lui, notre mort devient désormais un passage vers la résurrection. C'est pourquoi l'apôtre Paul peut nous exhorter à adopter, devant la mort, une attitude nouvelle : *Il ne faut pas que vous soyez dans la tristesse comme les autres, qui n'ont pas d'espérance.* (1Th 4,13) En tant que chrétiens, nous ne sommes plus sans espérance.

Le psaume repris par Jésus au moment de son agonie continue par ces paroles : *Tu m'as répondu !... Le Seigneur n'a pas rejeté ni réprouvé un malheureux dans la misère... Il a écouté quand il criait vers lui.* (Ps 22,22.25) Nous savons que Jésus n'a pas été abandonné dans la mort. Nous savons que la mort, à un moment donné de notre histoire, a été vaincue par le Christ. Nous savons que la mort n'est pas l'entrée dans le néant.

La mort de Jésus fut son passage dans la vie nouvelle. Elle a confirmé sa communion profonde avec son Père. Elle a confirmé que la vie de Dieu en lui ne pouvait pas se trouver anéantie par la mort.

Sa vie, Jésus nous la donne en partage. La vie éternelle commence quand nous laissons, par la foi, le Christ habiter dans notre cœur. Alors, unis au Christ maintenant, nous le resterons dans la mort et dans la résurrection. Comme le dit l'apôtre Paul : *Nous serons pour toujours avec le Seigneur* (1Th 4,17). Dès maintenant, dans la foi au Christ vivant, nous pouvons pressentir ce que cela signifie. Parce que, dès maintenant, le Seigneur se donne à nous pour que nous soyons à lui. Amen.

Agonie / Pâques

9
Comme l'eau je m'écoule
Psaume 22,15-25
Marc 16,9-15

Notre première lecture est extraite du psaume que Jésus a prié sur la croix. Il débute par ces paroles : *Mon Dieu, mon Dieu, pourquoi m'as-tu abandonné?* (Ps 22,2) C'est le cri de l'opprimé, et celui du Seigneur, le jour du Vendredi Saint.

Cette prière de la Bible décrit de manière extrêmement réaliste le visage menaçant et inexorable de la mort qui approche : *Comme l'eau je m'écoule ; tous mes membres se disloquent. Mon cœur est pareil à la cire, il fond dans mes entrailles* (v.15). Elle montre les effets de la torture ou de la maladie.

Tu me déposes dans la poussière de la mort (v.16)… Ce sentiment de l'approche de la fin, avec la perte de son autonomie, la diminution de ses moyens et de sa liberté, Julien l'a connu.

Ce sentiment est partagé par beaucoup de malades ou de personnes âgées, quand se fait proche le grand départ. Jésus-Christ l'a aussi ressenti pendant son agonie. Le Psaume 22 est une prophétie de la passion du Seigneur : *Ils m'ont percé les mains et les pieds… Des gens me voient, ils me regardent. Ils se partagent mes vêtements et tirent au sort mes habits* (v.17-19).

Aux abominables douleurs physiques se sont ajoutées, dans le cas de Jésus, les douleurs morales. Il fut rejeté par le monde, abandonné des siens, voué aux moqueries et aux insultes de ses persécuteurs. Écoutons encore ce qu'annonçait le

Psaume 22 : *Je suis injurié par les gens, rejeté par le peuple. Tous ceux qui me voient me raillent ; ils ricanent et hochent la tête* (v.7-8)... *Des chiens me cernent ; une bande de malfaiteurs m'entoure* (v.17). Cette prière exprime la souffrance d'un persécuté qui appelle au secours. Elle nous révèle à quel point le Seigneur s'est uni à toutes nos épreuves. Le Christ fut le compagnon de souffrance de Julien. Il s'est lié à lui, pour toujours.

C'est pourquoi ce psaume ne s'arrête pas à ses terribles descriptions. Il constitue un appel à la foi. Il s'achève par un cri d'espérance, fondé sur l'assurance de la fidélité de Dieu : Le Seigneur *n'a pas rejeté ni réprouvé un malheureux dans la misère ; il ne lui a pas caché sa face ; il a écouté quand il criait vers lui* (v.25).

Dieu a écouté... En fait, nous ne savons rien de l'exaucement de la prière de l'auteur primitif de ce psaume. Mais ce que nous savons, c'est le jour de Pâques qui nous le dit. Pâques est la révélation extraordinaire de l'exaucement de la prière de Jésus. Un exaucement inattendu : *Ce que l'œil n'a pas vu, ce que l'oreille n'a pas entendu, et ce qui n'est pas monté au cœur de l'homme* (1Co 2,9). Une manifestation de puissance qui dépasse l'entendement, et qui représente pourtant aussi l'exaucement de toutes nos prières.

Jésus, proclame l'Evangile de Marc, est *ressuscité le matin du premier jour de la semaine* (Mc 16,9). Notre raison, il est vrai, n'y trouve pas son compte. Elle s'arrête au caractère définitif de la mort. Les doutes des premiers disciples sont bien compréhensibles : *Entendant dire que Jésus vivait et que Marie de Magdala l'avait vu, ceux-ci ne la crurent pas* (v.11). Ils refusent d'admettre la véracité des premiers témoignages émerveillés. Prisonniers de leur « bon sens », ils restent *dans le deuil et les pleurs* (v.10).

Alors Jésus lui-même se fait reconnaître à eux : *Ils se manifesta aux Onze, alors qu'ils étaient à table* (v.14). Il les rejoint dans un moment de convivialité et de communion, ce genre d'instant au cours duquel l'amour se mue en certitude.

Le cœur révèle alors ce que la raison ne pouvait admettre. Oui, Jésus est vivant. Sa présence et son amour sont irrésistibles, hier comme aujourd'hui. Il est vivant pour toujours. Il frappe à la porte de notre vie pour s'unir à nous par son Esprit. Et il nous est donné de le reconnaître par la foi.

Jésus a partagé nos détresses. Il souffre encore dans nos corps meurtris. Il a connu la mort. Sa mise au tombeau, pendant le silence du Samedi Saint, l'a rendu solidaire de toutes nos morts.

Mais Pâques est la mort de la mort. Il s'agit effectivement d'un *Evangile* (v.15), c'est-à-dire d'une bonne nouvelle destinée, selon les paroles du Ressuscité, *à toutes les créatures* (id.). Elle est pour nous qui sommes dans le deuil aujourd'hui. Dieu notre Père, reste pour toujours source de toute vie. Demeurer en lui, ce n'est plus mourir, c'est vivre avec le Christ. Amen.

Epreuves / Foi humble / Longue vie / Nature / Noël / Pâques / Simplicité

10
C'est en paix que tu renvoies ton serviteur
Luc 2,25-32

Après avoir vécu tant d'années, l'absence de notre frère creuse un grand vide. Et pourtant, nous ne sommes pas sans espérance.

Après la crucifixion et la mise au tombeau de Jésus, ses disciples, ses amis, étaient aussi dans la tristesse. A eux aussi, la mort apparaissait comme l'irréparable, la fin de tout. Ils ont pourtant retrouvé Jésus. Le jour de Pâques, ils n'osaient pas le croire. Mais Jésus s'est fait reconnaître à eux. Celui qui était mort sur une croix se trouvait là, bien vivant, au milieu d'eux.

La vie nouvelle du Crucifié est l'annonce de la vie pour tous. Comme Jésus, nous mourrons tous. Avec Jésus, nous sommes également appelés à traverser la mort pour vivre éternellement. Pâques, en annonçant la résurrection de Jésus, est aussi la promesse de notre résurrection.

Louis savait que sa mort ne serait pas la fin. Il s'attendait à partir auprès du Seigneur. Au terme de sa longue vie, notre frère s'est endormi dans l'attente de la résurrection. Il s'est endormi sereinement. Il a pu trouver sa joie, pendant ses années de vieillesse, dans l'affection des siens. Ni les soucis, ni les ennuis de santé ne lui ont été épargnés, surtout en ces derniers mois. Mais il savait rester reconnaissant pour les petits bonheurs de la vie, une vie dans laquelle il est toujours possible d'espérer.

L'espérance, Louis savait ce que c'était. Comme le vieillard Syméon, il a dû beaucoup espérer au cours de sa vie. Il a connu des conditions difficiles d'existence :

la précarité, la maladie, les deuils… Les épreuves se sont succédées. Dans les moments difficiles, il essayait de garder l'espoir d'une meilleure situation.

Syméon aussi attendait d'autres lendemains. Dans la confiance, il veillait, se réjouissant de Celui que Dieu avait promis d'envoyer : *il attendait la consolation d'Israël* (Lc 2,25). Et quand il a pénétré dans le temple de Jérusalem, il a reconnu, dans un petit enfant, le Sauveur de son peuple. *Il le prit dans ses bras et il bénit Dieu* (v.28).

Comment un tel miracle a-t-il été possible ? La Bible nous apprend, à propos de Syméon, que *l'Esprit Saint était sur lui* (v.25). L'Esprit Saint est la présence de Dieu dans notre vie, plus intime à nous-mêmes que nous-mêmes. Cette vie de Dieu en nous change notre cœur, notre regard, et nous permet de le reconnaître en ce monde.

Louis possédait cette faculté de reconnaître la main de Dieu dans la nature. Il s'émerveillait devant la création. Il appartenait à cette catégorie de personnes que la Bible affectionne particulièrement : les humbles de cœur. Il n'avait pas fait de longues études. Il ne se serait pas risqué à élaborer un grand discours théologique et hésitait même à parler de Dieu. Avait-il besoin de le faire ? Il savait reconnaître l'amour de Dieu là où il se manifestait. Et il a su remettre sa vie entre ses mains. Il a pu partir comme le vieillard Syméon, *en paix* (v.29), en humble serviteur de Dieu et des hommes. Il avait découvert, dans le monde et dans l'Evangile, la lumière et le salut de Dieu.

L'Esprit du Christ peut aussi venir changer notre cœur et nous accorder cette faculté de reconnaître la présence de Dieu. L'apôtre Paul écrivait ceci aux habitants d'Ephèse : *Que le Dieu de notre Seigneur Jésus-Christ, le Père à qui appartient la gloire, vous donne un esprit de sagesse qui vous le révèle et vous le fasse vraiment connaître ; qu'il ouvre votre cœur à sa lumière* (Ep 1,17-18).

Notre monde ne nous rassure pas. L'actualité n'est guère réjouissante. L'avenir nous inquiète. Pourtant, les signes du monde nouveau que Dieu construit avec nous ne manquent pas. En tenant un petit enfant, Syméon a pu proclamer : *Mes yeux ont vu ton salut que tu as préparé face à tous les peuples* (Lc 2,30-31).

Mystérieusement, humblement, intimement, le Seigneur reste présent dans ce monde. Son Esprit peut nous conduire à nous émerveiller de son amour agissant. Nous ne le trouverons pas sous les feux de l'actualité ; et certainement pas dans l'orgueil et les violences des grands de ce monde. Nous pourrons par contre découvrir ses traces dans les moindres gestes de pardon, de tendresse, de paix, de foi… C'est cette gloire de Dieu qui faisait la joie de Syméon, avant qu'il ne s'endorme dans la paix.

Le Royaume de Dieu est en marche dans nos vies. Le Christ vient habiter nos cœurs par la foi. Même notre péché n'en est pas un obstacle. Le Christ vient avec son pardon et la puissance de renouvellement de son amour. Le Christ n'est pas ressuscité le matin de Pâques pour des gens parfaits, mais au contraire pour sauver les pécheurs que nous sommes. Jésus est vivant et il est vivant pour nous.

Avec nous, le Christ continue d'agir et d'être présent dans le monde. Il continue de mener ce monde vers son Royaume, où la mort, la souffrance et le mal ne seront plus. Dans les visages blessés de notre monde, nous pouvons reconnaître celui du Christ et en même temps, recevoir la promesse et l'espérance d'une résurrection.

Dans la foi, la mort elle-même devient l'annonce d'un monde nouveau. *Mes yeux ont vu ton salut* (v.30), s'exclamait Syméon. Pensons à la résurrection de Jésus. L'événement de Pâques nous permet de proclamer, à notre tour : « Mes yeux ont vu ton salut ; mes oreilles ont entendu la bonne nouvelle de la vie éternelle ».

Cette vie éternelle n'est pas seulement au-delà de la mort. Elle commence maintenant. Être avec le Christ est une réalité pour aujourd'hui. Pâques ne nous dit pas seulement que la mort est vaincue. Pâques annonce aussi que le Christ ressuscité est avec nous tous les jours. L'épreuve du deuil nous touche aujourd'hui. Louis n'est plus avec nous. Mais le Christ est vivant, pour lui et pour nous. *Rien ne pourra nous séparer de l'amour de Dieu manifesté en Jésus-Christ notre Seigneur* (Rm 8,39). Amen.

Droiture / Epreuves / Foi discrète / Longue vie

11

Jusqu'à votre vieillesse...

Esaïe 46,3-4

Luc 2,25-32

Le peuple de Dieu avait subi la déroute devant les armées du roi de Babylone. Bien des gens avaient été déportés loin, très loin, dans la capitale de l'empire ennemi. Et ce peuple pleure sa terre. Et ce peuple crie à Dieu, dans l'espoir de retrouver la paix. En temps de guerre, la vie est dure. Famine et maladie ne sont jamais loin. L'espérance de vie, comme l'on dit aujourd'hui, diminue de manière dramatique.

Le peuple de Dieu se sent abandonné. Comme un enfant sans parents. Mais voici qu'un espoir renaît : les conquêtes du perse Cyrus affaiblissent Babylone. Le vent tournerait-il en faveur d'un retour d'exil, en faveur d'une paix retrouvée ?

Les armes et la puissance militaire semblent parler en faveur d'Israël. Seraient-elles plus puissantes que l'Eternel ? Les dieux des nations ne seraient-ils pas plus forts que Celui d'Israël ? C'est là qu'intervient le prophète Esaïe. Il rappelle la Parole du Seigneur, qui réclame la foi et la confiance: *Tournez-vous vers moi et soyez sauvés, vous tous les confins de la terre, car c'est moi qui suis Dieu, il n'y en a pas d'autre* (Es 45,22). Les grandes nations possèdent la puissance et la richesse. Mais le petit peuple d'Israël ne doit pas oublier qu'il possède le plus grand des trésors: il reste dans la main de Dieu. En Dieu seul réside son espérance.

Voilà ce que rappellent les versets que nous avons entendus. Dieu dit: *Depuis le sein maternel vous êtes pris en charge... Jusqu'à votre vieillesse..., jusqu'à vos cheveux blancs, c'est moi qui supporterai* (46,3-4). Et effectivement, Israël retrouvera sa terre. En 538 avant notre ère, un édit du roi de Perse permet aux Juifs de Babylonie de retourner à Jérusalem. Les rescapés de l'exil vont retrouver la possibilité d'une vieillesse heureuse et paisible. Désormais, les épreuves sont derrière. L'avenir est rempli d'espérance.

Les épreuves du passé, Elise en a porté le souvenir douloureux tout au long de sa vie... En tout moment de détresse, en rappelant la fidélité de Dieu, les paroles des prophètes pouvaient retrouver une actualité. En tout moment d'allégresse également. Elise a trouvé en Dieu un Père, et en Jésus-Christ un frère. Elle a reçu le bonheur d'être mère, puis grand-maman, puis arrière-grand-mère ! *Jusqu'à vos cheveux blancs,* dit le Seigneur, *c'est moi qui supporterai...*

Le prophète insiste. Comme si cela ne suffisait pas, il ajoute: *C'est moi qui suis intervenu, c'est moi qui porterai, c'est moi,* dit le Seigneur, *qui supporterai et qui libérerai* (v.4) Que reste-t-il à porter après le temps des cheveux blancs ? Que reste-t-il à soutenir, quand la longue vieillesse s'en est allée ? La parole du Seigneur ouvre un avenir quand tout semble s'éteindre; elle apporte une espérance nouvelle. Cette espérance, nous croyons qu'elle a trouvé son accomplissement avec la venue de Jésus-Christ. C'est là que se situe la découverte émerveillée du vieillard Syméon.

Nul ne connaît l'âge de Syméon. On sait simplement qu'il était proche de la mort, et qu'il avait attendu longtemps. Que pouvait-il donc attendre ? Peut-être la libération de son peuple, qui subissait le joug de l'occupation romaine, plus de cinq siècles après Esaïe. Luc nous dit qu'*il attendait la consolation d'Israël* (Lc 2,25).

Il ne l'attendait pas des armées. Manifestement, Syméon ne mettait pas son espoir dans la puissance humaine. Il reconnaît le *Christ du Seigneur* (v.26) en la personne d'un petit enfant, conduit au temple par des parents qui n'ont même pas de quoi offrir à Dieu un sacrifice digne de ce nom. Syméon pressent que la puissance de Dieu s'accomplira dans la faiblesse.

Syméon discerne en Jésus le *salut* (v.30) de Dieu. Un salut pour tous, pas seulement pour Israël. Une *lumière* (v.32) qui se lèvera dans les ténèbres de ce monde. Il peut donc partir *en paix* (v.29). Il laisse entendre que désormais, la mort n'est plus qu'un voyage et que la consolation, même quand advient l'irrémédiable, demeure entre les mains de Dieu. L'Eternel manifestera sa gloire dans la vie, dans la mort et dans la résurrection de ce petit enfant.

Elise n'était pas une prophétesse. Pourtant, comme Syméon, elle tenait à garder une vie juste. A sa manière, elle pratiquait une piété discrète, nourrie par la Parole de Dieu, avec pour horizon l'espérance d'un bonheur que la vie ne lui avait pas toujours accordé. Comme Syméon, elle s'en est allée en paix. Les yeux de son cœur avaient découvert le salut de Dieu en la personne de Jésus-Christ. C'est lui qui a vaincu la mort. C'est lui qui pouvait lui apporter la consolation, et l'espérance des grandes retrouvailles.

Que sait-on de ces retrouvailles ? Pas grand chose en vérité, mais nous en avons reçu révélation de l'essentiel. Cet essentiel ressort des simples paroles de Syméon, qui se concentrent uniquement sur la personne de Jésus-Christ. Syméon ne se berce pas de faux espoirs, comme les contemporains du prophète Esaïe. Jésus est présent devant lui, le *Christ du Seigneur* (v.26). Lui seul est la résurrection et la vie. Lui seul est notre chemin et notre espérance. Pour Syméon, Jésus est *paix, salut, lumière, révélation* et *gloire*. Il est tout cela pour Elise et pour nous tous. Il ne s'agit pas d'imaginer des jardins fleuris. La résurrection, c'est être avec le Christ, maintenant et toujours. Cette certitude suffit pour *s'en aller en paix*. Amen.

Agriculture / Amitié / Création / Famille / Mort brutale / Non pratiquant

12

Rester en tenue de travail
Psaume 23 / Genèse 1,26-31
Luc 12,35-40

Le Psaume 23 évoque cette nature paisible et généreuse que Martine aimait contempler: *les frais herbages, les eaux du repos* (Ps 23,2)... Paysages des temps bibliques dont nous avons encore le privilège de profiter aujourd'hui. Paysages qui évoquent, pour les croyants de tous les temps, la bonté de Dieu, la profusion de sa grâce, ainsi que l'espérance quand survient le malheur: *Même si je marche dans un ravin d'ombre et de mort, je ne crains aucun mal, car,* Seigneur, *tu es avec moi* (v.4).

Martine savait également le travail que demande la nature. Livrés à eux-mêmes, les *frais herbages* pourraient bien devenir des champs d'orties et de ronces ! Elle avait compris que la création réclame la collaboration humaine.

C'est ce qu'enseigne la Bible, dès ses premiers récits. Dans le livre de la Genèse, la création est présentée comme un don magnifique que Dieu a fait à l'être humain: *Voilà, c'était très bon* (Gn 1,31) ! Mais un don à soigner, à entretenir, à cultiver, à préserver. Dieu est créateur, et l'être humain reçoit de sa part l'appel à dominer sa création, avec sagesse, travail et respect.

Martine n'a pas ménagé ses efforts pour se mettre au service de ce grand projet dans lequel Dieu nous appelle à collaborer avec lui. Il nous fait l'honneur d'être co-créateurs: *Soyez féconds et prolifiques, remplissez la terre et dominez-la* (v.28). Martine a trouvé sa joie dans la collaboration à l'œuvre créatrice du Seigneur par le travail agricole et le privilège de fonder une famille.

Dieu agit à travers la faiblesse humaine. Chrétiens, nous en confessons l'accomplissement quand nous proclamons que Dieu s'est fait homme. Jésus de Nazareth était pleinement Dieu et pleinement homme. Mais nous croyons aussi qu'il s'agit d'une réalité à vivre encore concrètement aujourd'hui.

Pas seulement dans le travail. Le travail ne serait rien sans un domaine dans lequel le Seigneur se rend tout particulièrement présent: celui de l'amour du prochain. La Genèse évoque à l'origine une création sans violence, dans laquelle seuls l'herbe et les fruits sont donnés pour nourriture. Même la violence à l'encontre des animaux en est bannie. Tel était certainement le projet de Dieu.

Mais notre monde est abîmé par le Mal. Et c'est dans ce monde-là, dans celui que nous connaissons, que le Christ est venu apporter un souffle nouveau: celui d'un amour qui ne considère rien de plus grand que de se mettre au service des autres. Jésus s'est mis au service de tous. C'est dans le don de sa vie qu'il a manifesté la plénitude de l'amour de Dieu.

Martine se consacrait aussi à ce travail dans la pâte humaine. Elle avait connu la dureté de l'existence. C'était devenu une priorité pour elle de s'employer à soulager un peu la détresse par la tendresse et l'amitié. Elle suivait en cela un chemin généreusement ouvert par le Christ.

Dans le passage de l'Evangile que nous avons entendu, il est question de travail acharné. L'exemple de Martine y devient une parabole de l'amour de Dieu. Car ce maître, qui *prend la tenue de travail, qui fait mettre ses employés à table et qui passe pour les servir* (Lc 12,37), n'est autre que Jésus-Christ. Il se donne à nous pour que nous soyons à lui. Il a fait tout le travail nécessaire pour que nous soyons sauvés, réconciliés avec Dieu et héritiers de la vie éternelle.

Et pourtant, voici ce qu'il nous dit: *Restez en tenue de travail et gardez vos lampes allumées* (v.35). Il demeure donc quelque chose à faire. Il ne s'agit pas d'ajouter quoi que ce soit à l'œuvre du Christ; il a tout accompli en notre faveur. Mais il s'agit de faire nôtre son travail, de lui donner toute sa place dans notre vie.

Rester en tenue de travail, la Bible nous dit ailleurs que c'est *revêtir le Christ* (Rm 13,14; Ga 3,27). C'est le laisser habiter dans notre cœur par la foi (cf. Ep 3,17), et le laisser agir dans notre vie pour qu'il la transforme. Souvent, il le fait tellement discrètement que nous ne nous en rendons pas compte. Dans son engagement en faveur de ceux qu'elle aimait, notre sœur se trouvait revêtue de cette *tenue de travail*.

Mais Jésus invite à regarder encore plus loin. Quand il parle de *lampes allumées* (Lc 12,35), il nous exhorte à la vigilance. Il s'agit d'être attentif à cette présence du Christ en nous; l'amour est invité à se préparer à reconnaître sa source.

Le départ de Martine nous rappelle cette nécessité de veiller, d'être prêts à rencontrer notre Maître. *Heureux,* dit Jésus, *ces serviteurs que le maître à son arrivée trouvera en train de veiller* (v.37).

Jésus nous invite simplement à la foi. *Tenez-vous prêts, car c'est à l'heure que vous ignorez que le Fils de l'homme va venir* (v.40). Dans ses paroles, il n'y a aucune menace: le Maître qui viendra est celui qui sert, le Juge est celui qui pardonne, le Seigneur est le Sauveur. Mais saurons-nous le reconnaître ? En Christ, le plus grand est devenu le plus humble. Dans son infini respect pour chacun de nous, il ne saurait s'imposer. La foi reconnaît dès maintenant sa présence au plus intime de nous-mêmes. Elle accueille en nous l'œuvre du Seigneur, afin que notre vie porte du fruit, pour l'éternité. Amen.

Affection / Peur / Suicide

13
Je n'en peux plus !
Genèse 21,14c-19 / 2 Corinthiens 4,5-10
Luc 23,33-43

Le découragement, le désespoir, peuvent prendre des proportions terribles. Ces sentiments destructeurs sont partagés par des personnages de la Bible. Philippe s'inscrit dans la lignée de ces hommes épuisés, confrontés à leur propre affaiblissement, qui se mettent à pousser le cri du grand prophète Elie qui *demanda la mort et dit : « Je n'en peux plus ! Maintenant, Seigneur, prends ma vie »* (1R 19,4) ; ou celui du prophète Jonas : *« Mieux vaut pour moi mourir que vivre »* (Jon 4,8). Il arrive que l'on se sente, comme Hagar, la servante de Sara et d'Abraham, devant un avenir qui n'est plus qu'une perspective de souffrance, de déchéance, un désert de la soif. *Elle s'en alla errer dans le désert* (Gn 21,14)…

Pourtant, aucun des personnages que j'ai cités ne s'est donné la mort. Dans le désespoir le plus profond, il reste possible de se tourner vers Dieu. C'est ce qu'ont fait Elie, Jonas, Job, en criant leur détresse. Il est possible de le faire, parce que nous savons que Dieu, le premier s'est tourné vers nous.

En fait, Hagar ne le sait pas encore quand elle attend sa mort et celle de son enfant. Mais Dieu lui fait savoir qu'il reste à ses côtés. Dès le début de la Bible, on apprend que le Seigneur est proche des cœurs brisés, de ceux qui se sentent abandonnés, perdus : *Ne crains pas, car Dieu a entendu la voix du garçon* (v.17). Hagar a pleuré sa déchéance. Mais elle a encore trouvé la force de crier vers le ciel. Dans sa détresse, elle a fait alors l'expérience de la présence de Dieu. Un Dieu qui lui a ouvert un avenir : *Lève-toi ! Relève l'enfant et tiens-le par la main, car de lui je ferai une grande nation* (v.18).

L'apôtre Paul aussi a connu le découragement. Il l'avoue dans sa lettre aux Corinthiens. Il s'est senti *terrassé* (2Co 4,9). Il reconnaît publiquement ses limites et sa fragilité. Il dit carrément qu'il s'est trouvé dans des impasses, des situations sans issue, du moins à vue humaine. Dans ces moments-là, il a fait lui aussi l'expérience de la solitude.

Mais ce que Paul nous fait comprendre, c'est qu'en fait nous ne sommes jamais seuls. Dans nos plus grandes fragilités, nous portons un *trésor* (v.7). Dieu nous fait don de son Esprit, de l'Esprit de son Fils, qui est la présence de Jésus-Christ ressuscité. *Ce trésor, nous le portons dans des vases d'argile* (id.). Nos souffrances, nos désespoirs, sont porteurs du Christ, et peuvent *faire resplendir la connaissance de sa gloire* (v.6).

Tel est précisément le but, le sens, de toute vie humaine : rayonner la gloire de Dieu en ce monde. Une gloire dont le Christ a montré qu'elle pouvait se manifester dans la plus grande détresse et le plus grand abandon. C'est sur la croix qu'il a incarné la plénitude de l'amour de Dieu. C'est en passant par la croix qu'il a ouvert pour tous la porte de la résurrection.

L'angoisse, les impasses de l'existence, il est possible de les vivre avec le Christ et de les surmonter avec lui. L'apôtre Paul nous livre son expérience : *Pressés de toute part, nous ne sommes pas écrasés ; dans des impasses, mais nous arrivons à passer* (v.8).

Philippe a su, à sa manière, faire rayonner *le visage du Christ* (v.6). C'était un homme actif, serviable, travailleur. Mais dans un geste que nous avons du mal à comprendre, qui nous laisse atterrés, il a choisi de quitter cette vie, cette existence que Dieu lui avait confiée pour qu'il porte en lui, jusqu'au bout, amour, foi et espérance. Il n'a pas souhaité aller jusqu'à *porter dans son corps l'agonie de Jésus afin que la vie de Jésus soit manifestée dans son corps* (v.10), même fragilisé.

Cette agonie de Jésus sur la croix, nous l'avons revécue avec le récit de l'Evangile de Luc. Ce don possible de la vie, jusque dans la détresse, jusque dans la souffrance, jusque dans la mort, Jésus en donne l'expression la plus accomplie. Philippe n'est pas allé jusque là. Il s'est donné la mort quand Dieu l'appelait à donner sa vie.

Cependant, nous pouvons comprendre, en écoutant le récit de la Passion de Jésus, que le Seigneur, pendu au gibet de la croix, restera toujours le plus proche compagnon de souffrance de notre frère. Les paroles du Seigneur sur la croix s'adressent à lui, directement. A l'attention de tous ceux qui refusent la vie de Dieu, Jésus dit, du plus profond de sa douleur : *Père, pardonne-leur car ils ne savent pas ce qu'ils font* (Lc 23,34). A celui qui souffre avec lui, qui n'en peut plus, Jésus a aussi cette parole d'espérance : *En vérité, je te le dis, aujourd'hui, tu seras avec moi dans le paradis* (v.43).

Nous ne savons pas quelles furent les dernières pensées de Philippe. Mais l'Evangile nous dit la pensée de Dieu : *Il n'a pas envoyé son Fils dans le monde pour juger le monde, mais pour que le monde soit sauvé par lui* (Jn 3,17). Jésus nous délivre de l'impasse de la mort pour nous conduire dans sa résurrection. Amen.

Affection / Foi à découvrir / Nature

14
C'est bien vrai ! Le Seigneur est ressuscité !
Psaume 23 / Jean 10,14-16.27-28
Luc 24,13-16.28-35

Le Seigneur est mon berger, je ne manque de rien. Sur de frais herbages, il me fait coucher (Ps 23,1-2)... Le Psaume 23 est bien connu. Cette prière de la Bible rappelle la beauté de la création et l'amour du Créateur.

Le Seigneur *me mène près des eaux du repos, il me ranime* (v.2-3). La beauté de la nature évoque ici ce qui nous est promis : la vie, la vie nouvelle, la vie éternelle avec Dieu. La nature, quand elle garde sa pureté, parle d'un monde meilleur. Elle annonce une beauté qui la dépasse et qui nous est destinée dans le Royaume de Dieu.

« Seigneur, *même si je marche dans un ravin d'ombre et de mort, je ne crains aucun mal, car tu es avec moi* » (v.4).

Je suis le bon berger, dit Jésus, *je connais mes brebis et mes brebis me connaissent* (Jn 10,14). Cette présence de Dieu avec nous, c'est le Christ, le bon Berger. Jésus est pour nous le compagnon, l'ami fidèle, celui qui nous conduit sur le chemin de la paix. Il est tout cela pour ceux qui croient en lui.

Il veut l'être pour tous : *J'ai d'autres brebis qui ne sont pas de cet enclos et celles-là aussi, il faut que je les mène* (v.16). Car la houlette de ce berger n'est autre que la force de son amour.

Mon Père me connaît et je connais mon Père (v.15). Cette intimité qui unit Jésus à son Père fonde l'intimité qui unit Dieu et les humains. Tous, Jésus veut les rassembler dans sa communion, tel le berger pour les brebis de son troupeau. Mais il ne les rassemble pas sans leur consentement : *Elles écouteront ma voix* (v.16). Et surtout, il les rassemble dans sa mort et dans sa résurrection : *Je me dessaisis de ma vie pour les brebis* (v.15). Pour ses brebis, pour ses amis, pour Simone, pour nous tous, Jésus a donné sa vie dans sa mort. Désormais, le Christ est ressuscité ! Sa mort est devenue semence et promesse de vie éternelle, pour chacun de nous.

Qu'en savons-nous ? Quelle certitude en avons-nous ?

Nous possédons le témoignage irremplaçable de ceux qui ont reconnu Jésus vivant après sa mort. Tels ces deux disciples qui se rendaient, le soir de Pâques, *à un village du nom d'Emmaüs* (Lc 24,13).

Comme nous, ils étaient dans le deuil. Tristes, perdus, désespérés, remplis de questions… Mais ils vont faire l'expérience unique de la présence de celui qu'ils pleuraient. Jésus est apparemment absent, définitivement absent. Et puis, il est là, mais ils ne le reconnaissent pas. Et puis ils le reconnaissent, et il disparaît à nouveau…La présence du ressuscité est fugitive, elle échappe à nos catégories. Nos mots sont trop pauvres pour l'exprimer. Et pourtant, les disciples reçoivent cette assurance : *C'est bien vrai ! Le Seigneur est ressuscité !* (v.34)

Fragile assurance si elle n'était liée qu'à un moment de l'histoire. Mais la résurrection de Jésus n'est pas que d'un moment : *Je suis avec vous tous les jours jusqu'à la fin des temps* (Mt 28,20), dit le Seigneur.

Certains moments privilégiés ouvrent nos oreilles à sa parole ou nos yeux à des signes de sa présence, comme pour les disciples d'Emmaüs : notamment quand nous lisons la Bible, ou quand nous partageons le pain et le vin de la sainte cène.

Mais la rencontre du ressuscité est davantage encore ; elle touche au plus profond de notre être : les disciples d'Emmaüs *se dirent l'un à l'autre : « Notre cœur ne brûlait-il pas en nous tandis qu'il nous parlait en chemin et nous ouvrait les Ecritures ? »* (v.32) Par la suite, rien n'a pu détourner les premiers disciples de Jésus de l'assurance de la présence avec eux de sa vie nouvelle, pas même la crainte du martyre.

La vie du Christ est effectivement un feu qui brûle le cœur. Elle est la présence au plus intime de nous-mêmes de son Esprit. Elle est la rencontre intérieure de son amour.

La résurrection n'est pas une belle idée, une utopie destinée à nous soulager un peu quand survient la mort d'un être cher. La résurrection est une réalité qu'il est possible de vivre au quotidien, dans la foi, avec le Christ vivant et vainqueur de la mort.

Dans la vie, dans nos relations avec les autres, il nous arrive d'expérimenter quelque chose de plus qu'une présence physique. Quelque chose qui brûle le cœur, quelque chose de bien réel, que l'on nomme l'amour ou l'amitié. Or *l'amour vient de Dieu, et quiconque aime est né de Dieu et parvient à la connaissance de Dieu* (1Jn 4,7).

L'assurance de la foi est du même ordre ; elle est tout aussi invisible mais en même temps tout aussi réelle que celle de l'amour. Aussi réelle et brûlante que nos souffrances et nos larmes d'aujourd'hui. Aussi réelle et brûlante que la tendresse que vous avez pu partager avec Simone.

Nous aimerions garder auprès de nous ceux qui nous ont quittés. Ils sont partis vers une réalité qui demeure un mystère et sur laquelle nous n'avons plus prise.

Mais nous pouvons connaître le Christ, qui est la résurrection et la vie, et qui marche sur nos chemins pour nous faire partager avec eux une certaine forme de communion. Jésus dit de ses brebis : *Je leur donne la vie éternelle ; elles ne périront jamais et personne ne pourra les arracher de ma main* (Jn 10,28). Amen.

Campagne / Chrétien pratiquant / Confiance / Epreuves / Noël

15
Dieu a tant aimé le monde…
Psaume 23
Jean 3,16-17

Le Psaume 23 est particulièrement apprécié par les chrétiens de nos villages, qui connaissent la beauté sereine des *frais herbages* et des *eaux du repos* (Ps 23,2). L'image est bucolique. Elle montre que l'amour de Catherine pour la nature s'enracinait dans une longue tradition biblique. Mais au-delà du beau tableau de la verte campagne, le Psaume 23 veut exprimer l'assurance fondamentale du croyant : Dieu est le Dieu de la vie.

Cela ne signifie pas seulement que Dieu est notre créateur. Cela veut dire aussi qu'il demeure, chaque jour de notre existence, la source de notre vie. Il est Celui qui nous accompagne et qui nous porte. Et dans le redoutable mystère de la mort, il demeure encore et à jamais notre vie : *Même si je marche dans un ravin d'ombre et de mort, je ne crains aucun mal, car tu es avec moi ; ton bâton, ton appui, voilà qui me rassure.* (v.4)

Catherine aurait pourtant eu bien des occasions d'en douter. Sa vie a connu deuils et épreuves. Pourquoi toutes ces souffrances ? Pourquoi la mort ? Et aujourd'hui, pourquoi celle de notre sœur ?

Pourquoi ? A cette question, nul ne peut apporter de réponse définitive.
Voici ce que le Psaume 23 affirme : *Bonheur et fidélité me poursuivent tous les jours de ma vie* (v.6). Mais il le confesse sans illusions. Il n'hésite pas à évoquer en même temps *le ravin d'ombre et de mort* (v.4), le danger ou la présence

d'*adversaires* (v.5). Pour le psalmiste aussi, la vie n'a rien d'un long fleuve tranquille...

Et pourtant, même à travers les remous de l'existence, les tempêtes parfois, il demeure possible de vivre dans *le bonheur*. Cette possibilité se résume dans la dernière phrase de notre psaume : *Je reviendrai à la maison du Seigneur pour de longs jours* (v.6). Ce dernier verset donne en effet le sens profond de toute vie humaine, qui consiste à expérimenter la présence de Dieu, à vivre dans la communion avec le Seigneur. Habiter *sa maison*, c'est demeurer en Dieu. C'est retrouver, de manière certes encore imparfaite ici-bas, une relation possible avec un Dieu qui se donne à connaître comme le Tout Proche, le Tout Aimant.

En Jésus-Christ, Dieu se révèle comme le bon Berger. Celui qui prend soin de ses brebis pour qu'elles ne manquent de rien. Celui qui les porte, mais aussi celui qui partage avec elles les veilles de la nuit, les dangers des bêtes sauvages et l'approche de la mort. Plus encore, Jésus-Christ est le *bon berger qui se dessaisit de sa vie pour ses brebis* (Jn 10,15).

Telle est le message de l'Evangile adressé à nos souffrances et à nos morts. Jésus-Christ corrige l'image erronée que nous pourrions avoir de Dieu. En lui, Dieu souffre et meurt avec nous et pour nous. Il n'est pas le bourreau, il est la victime. Il ne donne pas la mort, il donne sa vie. Il ne condamne pas, il sauve. *Dieu a tant aimé le monde qu'il a donné son Fils, son unique, pour que tout homme qui croit en lui ne périsse pas mais ait la vie éternelle.* (3,16)

A juste titre, ce verset de l'Evangile de Jean est considéré comme un résumé de notre foi chrétienne. En Jésus-Christ, Dieu se révèle comme Amour, comme Don, comme Vie. Et c'est pourquoi nous pouvons placer en lui notre confiance la plus totale, dans la vie comme dans la mort.

La foi nous fait entrer dans une relation dont Dieu a l'initiative. C'est elle qui nous permet, dès maintenant, d'habiter *la maison du Seigneur* (Ps 23,6). *Celui qui croit a la vie éternelle* (Jn 6,47), nous dit Jésus. Il ne s'agit pas d'un futur. La vie éternelle ne commence pas avec la mort. Elle est le présent de Dieu dans nos vies. Elle commence chaque fois qu'un être humain découvre la joie de Noël : « Dieu avec nous » en Christ. Elle perdurera dans la joie de Pâques, dans la joie de la résurrection.

L'Evangile répète souvent : *N'ayez pas peur, soyez sans crainte !* (Mt 17,7 ; etc.) La foi chrétienne n'est pas fondée sur la crainte, mais sur la confiance. *Dieu n'a pas envoyé son Fils dans le monde pour juger le monde, mais pour que le monde soit sauvé par lui.* (Jn 3,17)

Dans l'Evangile de Jean, le *monde* désigne l'ensemble du genre humain plongé dans les ténèbres du péché, de la souffrance et de la mort. Ce monde est le nôtre, il est celui dans lequel nous vivons. Ce monde a besoin d'être sauvé. C'est pourquoi dans nos ténèbres, Jésus est la lumière. Dans notre péché, il apporte la liberté du pardon et l'élan d'une vie nouvelle à sa suite, dans l'amour et l'obéissance. Dans nos souffrances, il est le frère, il est l'ami qui tient la main. Dans nos morts, il est la résurrection et la vie. Dans nos nuits, veillons à demeurer dans sa lumière.

Jésus attend de nous une confiance solide, ancrée dans la certitude que Dieu est notre Père. C'est la confiance des enfants de Dieu, appelés à partager la vie de Dieu dont la mort même ne pourra jamais nous séparer. Amen.

Croyances diverses / Culpabilité / Espérance / Tous

16
La résurrection de la chair
1 Pierre 1,3-9
Jean 5,24-29

L'apôtre Paul, dans une société confrontée à une multitude de croyances, écrivait aux chrétiens de Thessalonique des paroles qui reprennent de nos jours une étonnante actualité : *Nous ne voulons pas, frères, que vous soyez dans la tristesse comme les autres, qui n'ont pas d'espérance* (1Th 4,13). Ces autres, nous les connaissons bien... Ils sont peut-être nous-mêmes. Ils attendent la mort comme le néant. Leur vie s'éteint comme une fleur qui se fane. Ils illustrent l'immense misère de l'homme sans Dieu.

Les paroles du Nouveau Testament, en ce jour, viennent réveiller notre espérance pour nous faire échapper à cette misère. En ce jour de deuil, elles peuvent renouveler notre joie de vivre et d'être toujours aimés de Dieu. *Béni soit Dieu*, s'exclame la première lettre de Pierre, *le Père de notre Seigneur Jésus-Christ : dans sa grande miséricorde, il nous a fait renaître pour une espérance vivante, par la résurrection de Jésus-Christ d'entre les morts* (1P 1,3).

Les gens qui n'ont pas l'espérance chrétienne peuvent garder une espérance humaine, ou même une certaine espérance religieuse. La plupart de nos contemporains croient encore à une vie après la mort. On ne peut imaginer que tout s'arrête d'un seul coup. On attribue au défunt une autre forme de présence, spirituelle, fantomatique. On évoque l'immortalité de son âme, une partie mystérieuse de lui-même qui subsisterait à jamais. On parle beaucoup aussi de réincarnation. La vie du défunt se poursuivrait dans celle d'une autre créature.

Cependant, dans toutes ces croyances, de quelle survie s'agit-il ? Dans quelle mesure la vie du défunt est-elle prise en compte dans son unicité, son intégralité, sa richesse ? Dans quelle mesure le défunt demeure-t-il aimé pour ce qu'il a été ?

Pierre affirme que nous sommes gardés, qu'un héritage nous est réservé, *qui ne se peut corrompre, ni souiller, ni flétrir* (v.4). C'est moi, dans toute ma personne, avec mes forces et mes faiblesses, avec mes qualités et mes défauts, avec ma foi et mes doutes, avec mon corps et mon âme, qui est aimé de Dieu. Tellement aimé, que le projet de Dieu consiste à me garder, à me sauver tout entier, pour partager la vie qui est la sienne. Telle est l'espérance chrétienne. La vie éternelle se fonde sur un amour qui n'a pas de fin.

Et cela, c'est Jésus-Christ qui nous l'a révélé. Jésus est mort. Il a été mis au tombeau. Trois jours après, il est revenu à la vie. Il est alors apparu à ses disciples. A leur grand étonnement, ils ont pu constater que le Ressuscité était bien le crucifié. Celui qui se rendait visible à leurs yeux et sensible à leur cœur était bien celui qu'ils avaient connu et suivi, celui qui avait partagé le pain avec eux, celui qui avait été condamné et mis à mort et qu'ils avaient abandonné.

Michelle a vécu. Les siens l'ont connue, aimée. Michelle est morte. Avec le Christ, elle est entrée dans la mort. Avec le Christ, elle est destinée à recevoir *l'héritage qui lui est réservé dans les cieux* (id.). Mais j'insiste : c'est bien Michelle qui le recevra, avec ce qu'elle a été et ce qu'elle demeure, précieusement gardée dans le cœur et dans la puissance de Dieu.

La vie que nous offre le Christ n'est pas une vague philosophie. Elle se fonde sur le témoignage ardent de ses premiers disciples. Ceux-là ont préféré la souffrance, la mort, le martyre, plutôt que de renoncer à témoigner de cet événement extraordinaire qui a bouleversé toute leur existence : la rencontre effective de Jésus ressuscité. Mieux encore, la vie du Christ demeure notre espérance aujourd'hui, parce qu'elle est déjà une réalité. Dans la foi, en tant que chrétiens, nous reconnaissons, au cœur de nos vies et au cœur de ce monde, la présence du Christ vivant. La vie éternelle est communion avec Dieu. Et cette communion, cette relation, il nous est donné de l'expérimenter, dès maintenant. C'est ce qui fait dire à Pierre : *Jésus-Christ, vous l'aimez sans l'avoir vu, vous croyez en lui sans le voir encore ; aussi tressaillez-vous d'une joie ineffable et glorieuse* (v.8).

Parce qu'elle est cette communion retrouvée avec Dieu, Jésus, quand il évoque la vie éternelle, peut en parler au présent. Elle est déjà donnée à celui qui l'accueille : *Celui qui écoute ma parole et croit en celui qui m'a envoyé a* – dès maintenant ! – *la vie éternelle ; il ne vient pas en jugement, mais il est passé de la mort à la vie* (Jn 5,24).

Le jugement... La mort a souvent pris un aspect redoutable à cette seule évocation du jugement. Les sculptures des cathédrales, les images des livres de piété, les sermons enflammés des prédicateurs, ont terrorisé des générations de croyants en présentant Dieu comme un juge impitoyable, qui nous attendrait au tournant de notre mort pour envoyer les impies et les pécheurs brûler dans les flammes de l'enfer !

Est-ce donc cela que nous dit Jésus ? *L'heure vient où tous ceux qui gisent dans les tombeaux entendront la voix du Fils de Dieu, et ceux qui auront fait le bien en sortiront pour la résurrection qui mène à la vie ; ceux qui auront pratiqué le mal, pour la résurrection qui mène au jugement* (v.29). Mais Jésus précise bien que ce jugement, c'est lui qui l'exerce : *Le Père ne juge personne, il a remis tout jugement au Fils* (v.22). Le Juge n'a d'autre visage que celui du crucifié. Seul l'amour sera notre juge.

Qui sont-ils, *ceux qui auront pratiqué le mal ?* Nous en ferons partie. A nous tous, comme à Michelle, au cours de notre vie, il est bien souvent arrivé de faire le mal. Mais notre Juge, le Fils de Dieu, est mort sur la croix pour le pardon de nos péchés.

Sur le bois de la croix réside le fondement de notre espérance. Si nous avons fait le mal, levons les yeux vers le Crucifié. Il est mort pour accueillir le pécheur ; pour qu'il se convertisse et pour qu'il vive.

Le Fils possède la vie en lui-même (v.26). Il l'a donnée pour qu'avec lui Michelle vive éternellement. Il l'a donnée afin de nous *faire renaître pour une espérance vivante* (1P 1,3). *Celui qui écoute ma parole*, dit le Seigneur Jésus, *et croit en celui qui m'a envoyé, a la vie éternelle ; il ne vient pas en jugement, mais il est passé de la mort à la vie.* (Jn 5,24) Amen.

Amitié / Boulanger / Maladie / Pain / Souffrance

17
Jésus, le pain de Dieu, donne la vie au monde
1 Corinthiens 11,23-26
Jean 6,26-40

La Bible évoque souvent le pain. C'était l'aliment des esclaves libérés, après la sortie d'Egypte. Pour les prophètes, en tant que nourriture des affamés, le pain exprimait le geste le plus élémentaire du partage et de l'amour du prochain. Il est devenu dans le Nouveau Testament signe du Christ lui-même qui se donne.

Dès le début de la Bible, dans cet épisode rappelé par notre Evangile, les hébreux, avec la manne dans le désert, recevaient leur pain de Dieu lui-même : *Il leur a donné à manger un pain qui vient du ciel* (Jn 6,31 ; cf. Nb 11,7). Le pain manifestait la sollicitude de Dieu. Et nous, encore maintenant, nous réclamons souvent *notre pain de ce jour*, dans la prière du Notre Père. Le pain, c'est le minimum vital, ce dont nous avons besoin pour vivre dignement.

Nourriture pour vivre, le pain se partage. En ce sens, il évoque un aspect de ce que vous avez vécu avec Jean-Claude : la joie d'être ensemble, l'amitié.

C'est aussi cela que le pain exprime dans la Bible : l'amour de Dieu. Le don de Dieu à tous les êtres humains dans la personne de son Fils.

Voilà ce que Jésus faisait comprendre à ses disciples lors de son dernier repas : *Il rompit le pain et dit : « Ceci est mon corps, qui est pour vous, faites cela en mémoire de moi »* (1Co 11,24). C'est ce que nous faisons chaque fois que nous célébrons la sainte cène du Seigneur.

Par le pain qui se partage, Dieu nous parle de communion. En Jésus-Christ, il est venu vivre avec nous, partager nos joies et nos peines. Par le pain qui se donne, Dieu nous parle de son amour. Jésus-Christ nous assure du pardon du Père. Il s'offre à nous pour vivre avec nous, maintenant et pour toujours. Par le pain qui fait vivre, Dieu annonce la résurrection et le retour de son Fils : *Toutes les fois que vous mangez ce pain*, écrit l'apôtre Paul, *vous annoncez la mort du Seigneur, jusqu'à ce qu'il vienne* (v.26).

Jésus développe cette idée dans son grand discours sur le pain de vie, dans l'Evangile de Jean : *Le pain de Dieu, c'est celui qui descend du ciel et qui donne la vie au monde* (Jn 6,33). Jésus est pain parce qu'il donne la vraie vie.

Il ne convient pas de comprendre ces paroles uniquement pour l'au-delà. Jésus les prononçait en étant bien présent à ce qu'il faisait : *Je suis descendu du ciel pour faire, non pas ma propre volonté, mais la volonté de celui qui m'a envoyé* (v.38). En toutes choses, Jésus restait uni à son Père. Avec lui, il nous appelle à vivre dans cette communion qui s'exprime dans l'amour pour tous. Jésus nous invite à un festin : *Ma nourriture, c'est de faire la volonté de celui qui m'a envoyé* (4,34). Il veut nous rassasier de la joie de croire et de servir.

Suivre le Christ fait vivre, dès maintenant. C'est en lui donnant ce que nous sommes que nous recevrons une vie pleine de sens, celle que Dieu veut pour nous. Suivre le Christ fait devenir *levain* dans la pâte (cf. Lc 13,21) humaine, signe du règne du Seigneur dans ce monde.

Mais aujourd'hui, un espoir terrestre ne nous suffit plus. Nous avons besoin de voir plus loin. La vie de notre frère s'est terminée dans la souffrance. Nous ne pouvons pas en rester là. Et Dieu non plus ne veut pas que nous en restions là : *La volonté de celui qui m'a envoyé*, déclare Jésus, *c'est que je ne perde aucun de ceux qu'il m'a donnés, mais que je les ressuscite au dernier jour* (Jn 6,39). Jésus est le *pain de Dieu qui donne la vie au monde* (v.33), la vie éternelle, la vie pour toujours avec lui.

Le geste du partage utilisé par Jésus lors de son dernier repas évoque la générosité de Dieu. Jésus disait alors que son sang allait être *versé pour la multitude* (Mt 26,28). Rompu sur la croix par la faute des hommes, Jésus est mort. Mais il est revenu à la vie. Il est le premier ressuscité afin que tous revivent par lui et avec lui.

La cène fut son dernier repas. Elle annonçait sa mort toute proche. Le pain brisé annonçait les souffrances qui l'attendaient. Et quand nous rompons ce pain, le dimanche matin, nous nous souvenons que le Ressuscité de Pâques a d'abord partagé nos misères, aussi bien physiques que morales.

Il est important de le rappeler en pensant à notre frère. Sa maladie fut une crucifixion. Jean-Claude a porté dans sa chair la croix du Christ. Cela signifie qu'il n'était pas seul dans son calvaire. Mystérieusement, intimement, le Christ s'était uni à lui. *Le Seigneur est près des cœurs brisés, et il sauve les esprits abattus* (Ps 34,19). Jésus redevient chaque jour le compagnon de souffrance de tous les malheureux. Il les accompagne vers le salut. *Heureux ceux qui pleurent : ils seront consolés* (Mt 5,5), disait le Seigneur.

Dans la foi, nous savons que la souffrance et la mort n'auront pas le dernier mot. Jésus, le pauvre, le persécuté, la victime, nous révèle le visage d'un Dieu de tendresse qui vient nous sauver. Pour tous, Jésus veut devenir le *pain de vie* (Jn 6,35). Écoutons encore ce qu'il nous dit maintenant, à nous qui sommes dans le deuil : *Quiconque voit le Fils et croit en lui a la vie éternelle ; et moi, je le ressusciterai au dernier jour* (v.40). Amen.

Doutes / Foi / Mère / Œcuménisme / Simplicité

18
Celui qui vient à moi n'aura pas faim
Jean 6,35-40

Quand Jésus prononce ces paroles, il vient de multiplier pains et poissons. Il vient de partager de la nourriture en faveur d'une grande foule. Il a fait ce geste qu'affectionne toute mère de famille: dans la simplicité, donner à manger à ceux qu'on aime. Combien de pains Anne a-t-elle partagés au cours de sa longue vie ?

Avec ce geste, Jésus veut faire comprendre à la foule et à ses disciples qu'il existe, au fond de l'être humain, une autre faim, une autre soif, que nulle nourriture terrestre ne saurait rassasier.

Le pain symbolise l'amour partagé. Avec Jésus, il prend aussi le sens d'une vie entièrement donnée. *C'est moi qui suis le pain de vie* (Jn 6,35), dit le Seigneur. Une vie capable de rassasier notre cœur humain, avide d'amour, de confiance et d'espérance.

En nourrissant cette grande foule, Jésus franchit toutes les barrières de l'orgueil. Il offre un dépassement à tout exclusivisme, et notamment à celui dont plus tard se targueront les Eglises de ceux qui croiront en lui. On en a trop abusé dans le passé. Chacun réclamait le monopole du salut et de la vérité. Or le pain de l'espérance n'est ni catholique ni protestant. Il n'appartient qu'à Dieu. Et Dieu nous le distribue, généreusement, par Jésus-Christ, afin que tout être humain reçoive en lui la vie éternelle.

Jésus vient de prouver à la foule la surabondance de ses dons. La multitude a été rassasiée. Mais certains demeurent dans le doute: *Vous avez vu et pourtant vous ne croyez pas* (v.36), constate tristement le Seigneur. Comme nous peut-être aujourd'hui.

Or il se passera la même chose après un autre miracle, encore plus surabondant! Il en sera de même après la résurrection de Jésus. *C'est pour tout homme qu'il a goûté la mort* (He 2,9); pour que tout être humain reçoive en lui une vie nouvelle. Mais bien souvent, notre cœur et notre intelligence se ferment à cette espérance.

La volonté de celui qui m'a envoyé, dit Jésus, *c'est que je ne perde aucun de ceux qu'il m'a donnés, mais que je les ressuscite au dernier jour* (Jn 6,39). Nous laisserons-nous bouleverser par cette abondance de vie ? Nous laisserons-nous bousculer par l'espérance folle que peut faire naître en nous la résurrection de Jésus-Christ ?

Peut-on savoir quelque chose de plus à ce sujet ? Je crois que oui. Parce que, si Jésus-Christ est vraiment ressuscité, alors il doit être possible de le rencontrer. Et en le rencontrant, il devient possible d'entrer en contact avec la vie éternelle, de commencer à partager la vie de Dieu.

C'est dans ce sens qu'il convient de comprendre les paroles de Jésus: *Telle est en effet la volonté de mon Père: que quiconque voit le Fils et croit en lui ait la vie éternelle* (v.40). Voir le Fils... Contempler vivant celui qui était mort, qui fut crucifié par les Romains... Ce n'est pas absurde. Ce fut l'expérience des premiers disciples de Jésus qui, en un siècle, embrasa de lumière tout le Bassin Méditerranéen. Telle est l'expérience de chrétiens de toutes confessions, rendus capables de reconnaître, dans la fragilité de leur existence, la présence lumineuse du Ressuscité. *Croire en lui...* Anne aussi a vécu de cette foi, jusqu'au bout. Elle nous laisse un exemple de fidélité.

Faut-il l'en admirer ? Vous gardez bien d'autres motifs de vous réjouir de l'avoir connue ! Et d'ailleurs, là n'est pas la question... Félicite-t-on une personne d'aimer ceux qui l'aiment ? C'est tout naturel. La foi n'est pas un exploit. C'est une réponse toute simple à l'amour. C'est choisir de placer sa confiance en Celui qui nous a tout donné, y compris cette capacité de le reconnaître présent, vivant, agissant.

Cette attitude était en plénitude celle de Jésus à l'égard de Dieu son Père. Elle s'exprime aujourd'hui dans ces paroles: *Je suis descendu du ciel pour faire, non pas ma propre volonté, mais la volonté de celui qui m'a envoyé* (v.38). Jésus est tout offert à son Père, et son Père a mis en lui tout son amour.

Il nous est donné aujourd'hui, grâce à l'Evangile du Christ, alors que le deuil attise en nous, plus cruellement et plus visiblement que d'ordinaire, notre faim et notre soif d'espérance, d'entendre une parole de Dieu. Une parole qui parle de don, de vie, de présence et d'amour. Cette parole de Jésus-Christ qui attend de résonner au fond de notre être: *Celui qui vient à moi, je ne le rejetterai pas* (v.36)... *Je ne perdrai aucun de ceux que le Père m'a donnés, mais je les ressusciterai au dernier jour* (v.39)...

Jésus s'en tient à cette promesse, qui se fonde sur sa propre vie. Il n'est pas question de démontrer la résurrection. La résurrection, c'est la vie, la communion de vie au plus intime de nous-mêmes, avec le Christ. Cette présence éternelle du Ressuscité ne s'appréhende que par les yeux du cœur. L'éternité est celle de l'amour. C'est à cela qu'Anne est appelée désormais.

Quant à nous, nous restons ici avec notre quête... Il n'est pourtant pas impossible que Jésus-Christ, l'éternel Présent, devienne pour nous la source de la plus grande espérance. *Celui qui vient à moi n'aura pas faim*, dit Jésus; *celui qui croit en moi jamais n'aura soif* (v.35). Amen.

Croyant / Inquiétude / Mère / Recherche

19
La volonté du Père
Jean 6,35-40. 67-69

Les textes de la Bible nous paraissent souvent étranges. Au XXIe siècle, il devient difficile de comprendre ces récits rédigés dans des contextes tellement différents du nôtre.

Pourtant, les paroles de Jésus frappent toujours notre conscience. Après tout, l'être humain a-t-il fondamentalement changé en l'espace de 20 siècles ? Il reste inquiet aujourd'hui. Peut-être même davantage que pendant les années de jeunesse de notre amie Mathilde. Les jeunes manquent de repères, et ne savent plus à qui en réclamer. Ils se laissent emporter par le vent des modes, des médias, ou de dépendances de toutes sortes. Pour eux, c'est devenu particulièrement difficile, dans un environnement indifférent, moqueur et parfois hostile, d'affirmer leur foi chrétienne ou leur engagement dans une Eglise.

Quant aux adultes, ils se croient solides. Malgré la crise, beaucoup s'estiment encore assurés d'un avenir tranquille dans une société d'abondance. Mais quand viennent la maladie ou la mort d'un proche, les sécurités s'effondrent. On essaie d'évacuer les grandes questions existentielles : qu'est-ce que la vie ? la mort ? le sens de l'existence ? Ces questions pourtant ne manquent pas de se poser un jour ou l'autre.

La faim, la soif, restent des réalités humaines incontournables. Non pas faim et soif de nourriture ou de boisson, en tout cas pas vraiment dans nos milieux. La surabondance aurait plutôt tendance à nous étouffer. Mais faim et soif d'une parole, d'une écoute, d'un amour capable de donner un sens et de transfigurer l'existence.

Celui qui vient à moi n'aura pas faim ; celui qui croit en moi jamais n'aura soif (Jn 6,35), dit Jésus. Il constate que beaucoup de gens ne le croient pas, et cela aussi reste vrai aujourd'hui. Jésus subit rejets sur rejets, qui aboutiront à sa mise à mort sur une croix.

Mais il parle quand même. Sans se lasser, il appelle à lui. Parce qu'il est habité par l'amour de Dieu, et parce qu'il sait que c'est seulement dans cet amour, en marchant à sa suite, que résident les réponses aux angoisses humaines et le salut de tous. Par son existence, Jésus témoigne de la volonté de Dieu pour nous, qui est celle d'un amour éternel : *la volonté du Père qui m'a envoyé, c'est que je ne perde aucun de ceux qu'il m'a donnés, mais que je les ressuscite au dernier jour* (v.39).

La volonté du Père, c'est la vie bienheureuse de ses enfants. Paternité et maternité humaines sont des reflets de l'amour infini de Dieu. On se souvient aujourd'hui de l'attachement de Mathilde à ses enfants. A tout instant, elle gardait le souci de leur bien-être. Elle leur a donné le maximum ; elle a beaucoup travaillé afin qu'ils ne manquent de rien.

Jésus quant à lui évoque la volonté de son Père, qui consiste à accueillir tous ses enfants. *Tous ceux que le Père me donne viendront à moi, et celui qui vient à moi, je ne le rejetterai pas* (v.37). L'accueil de Dieu en Jésus-Christ suscite la plupart du temps une réaction de rejet de la part de ceux qu'il appelle. Etre chrétien aujourd'hui dans nos sociétés occidentales devient une exception, voire une étrangeté. Et pourtant, dans leur faiblesse, les amis de Jésus-Christ possèdent un trésor : le pain et le vin capables de rassasier les désespoirs existentiels de notre temps.

Avec le Christ – et cela, Mathilde avait tenu à le transmettre –, la vie reçoit un sens. C'est ce qui avait profondément marqué déjà les premiers disciples de Jésus. Ils avaient découvert en lui la présence de Dieu au milieu des hommes. C'est pourquoi l'apôtre Pierre s'était écrié : *Seigneur, à qui irions-nous ? Tu as des paroles de vie éternelle !* (v.68) Ce cri émerveillé de la foi, des multitudes de personnes saisies par le Christ l'ont poussé depuis lors.

Les paroles de Jésus changent complètement l'existence présente. On dit qu'elles la convertissent. Elles sont d'ores et déjà sources de paix et de vie : la vengeance laisse la place au pardon, l'orgueil à l'humilité, l'avarice à la générosité, la domination au service, la haine à l'amour, la crainte à la confiance... Nous témoignons très mal de ces attitudes concrètes. A tort, parce qu'elles possèdent le pouvoir de guérir le monde. A sa manière et à sa mesure, Mathilde a voulu le montrer.

Les paroles de Jésus contiennent aussi une promesse d'avenir. Elles nous autorisent à regarder plus loin que ce cercueil. Elles sont porteuses d'une espérance qui se fonde sur sa propre résurrection, au matin de Pâques : *Toute personne qui croit en moi,* dit le Seigneur, *a la vie éternelle et moi, je la ressusciterai au dernier jour* (v.40). Amen.

Deuils / Doutes / Epreuves / Révolte

20

Le jour, la nuit, j'ai crié vers toi !

Psaume 88,2-6.10

Jean 6,35-40

Mes yeux sont épuisés par la misère. Je t'ai appelé tous les jours, Seigneur ! Les mains ouvertes vers toi ! (Ps 88,10) Avez-vous entendu ce cri terrible, épouvantable, du Psaume 88 ? Avez-vous senti l'immensité de la douleur qui a inspiré l'écriture d'une prière aussi poignante ? *Ma vie est saturée de malheurs et je frôle les enfers* (v.4)...

De qui est ce cri presque désespéré de celui qui a tout perdu ? Cri de celui dont la vie n'a apparemment plus de sens – *Me voici comme un homme fini, reclus parmi les morts* (v.5-6).

Nous ne connaissons pas avec précision l'auteur de cet appel au secours. Mais ce genre de cri n'est pas rare dans la Bible. Il peut devenir celui de tous ceux qui se retrouvent dans le deuil, dans la souffrance, dans la détresse.

Vous êtes peut-être étonnés de trouver de telles paroles dans l'Ecriture Sainte. Elles sont presque choquantes par leur réalisme, par leur manière abrupte d'évoquer une souffrance insensée, la souffrance d'un fidèle qui a le sentiment que son Dieu s'est éloigné de lui. *Me voici... parmi les morts, comme les victimes couchées dans la tombe, et dont tu perds le souvenir car ils sont coupés de toi* (v.6).

Mais la Bible est précisément le témoignage de la relation de l'homme avec Dieu, même dans les situations les plus dramatiques. Elle rend aussi témoignage à la présence de Dieu dans de telles situations. Celle d'un Dieu fait chair, d'un Dieu partageant tellement notre humanité que ce cri du Psaume 88 peut devenir le sien.

Ce cri de détresse vers le ciel est aussi le cri du Christ dans sa solitude, dans ses souffrances, dans son agonie et dans sa mort. C'est le cri de Dieu avec nous; le cri de Dieu en nous !

Dieu, en effet, n'est pas absent de ce psaume: *Seigneur, mon Dieu sauveur! Le jour, la nuit, j'ai crié vers toi* (v.2). C'est à Dieu qu'il s'adresse. Ce cri, envers et contre tout, reste rempli de foi. D'une foi blessée certes, pleine de questions, presque désespérée. Mais néanmoins d'une foi en un Dieu qui écoute et qui sauve. Un Dieu qui semble loin, très loin, mais qui reste présent à nos ténèbres et à nos détresses. Ce cri n'est possible que parce que Dieu est là. Et parce que, en fin de compte, ce cri contre la mort et pour la vie est aussi le sien.

Car Dieu a la passion de la vie, la passion de nos vies.
C'est ce qui ressort des paroles de Jésus dans l'Evangile de Jean. Jésus est le témoin, dans notre humanité, de la vie de Dieu pour nous et de sa vie en nous. *C'est moi,* dit-il, *qui suis le pain de vie; celui qui vient à moi n'aura pas faim; celui qui croit en moi jamais n'aura soif* (Jn 6,35). Pain et boisson symbolisent ce qui est indispensable à notre existence. Jésus nous fait comprendre ici qu'il vient pour nous faire vivre. Il veut pour nous une vie nourrie par sa présence.

Le pain annonce aussi ses souffrances et sa mort. Nous savons que le Seigneur reprendra ce symbolisme au moment de son dernier repas avec ses amis pour évoquer ce qui l'attend: *Il rompit le pain et dit: « Ceci est mon corps, qui est pour vous, faites cela en mémoire de moi »* (1Co 11,24). Son corps sera livré à la haine et à la violence des hommes, livré à la souffrance, livré à l'abandon... Il sera, comme le dit le psaume, *compté parmi les moribonds* (Ps 88,5). Jésus annonce, en lui, la communion de Dieu à nos malheurs.

Dieu a la passion de la vie au point d'en courir les risques avec nous. Le Créateur, source de vie, se révèle en Jésus-Christ notre ami et notre frère. Sa vie devient la nôtre pour que notre vie devienne la sienne. Il partage nos souffrances et notre mort. Nous partagerons sa résurrection et sa vie éternelle.

Nos larmes aujourd'hui, nos larmes chaque fois qu'un deuil nous frappe ou nous est douloureusement rappelé, sont des perles d'amour. Elles sont notre détresse qui s'écoule. Elles sont peut-être l'expression la plus pure de cette réalité: nous voudrions ne jamais perdre ceux que nous aimons. Elles disent qu'avec nos êtres chers c'est une partie, la plus précieuse partie de nous-mêmes, qui s'en va. Il n'y a rien de pire que la perte d'un enfant, d'une mère, d'un père, d'un conjoint...

Écrasés par la douleur, nous ne nous rendons pas forcément compte que ce sentiment est aussi celui de notre Père qui est aux cieux. Jésus nous le dit aujourd'hui: *Sa volonté est que je ne perde aucun de ceux qu'il m'a donnés* (Jn 6, 39).

Dieu tient à nous, affirme la Bible, comme à *la prunelle de son oeil* (Za 2,12). Il est notre Créateur. Il est aussi notre Sauveur, et il le demeure pour l'éternité. Son amour n'a pas de limites; la vie avec lui contient une promesse d'éternité. C'est pourquoi Jésus peut affirmer: *La volonté de celui qui m'a envoyé, c'est que je ne perde aucun de ceux qu'il m'a donnés, mais que je les ressuscite au dernier jour* (Jn 6,39). Voilà notre espérance pour Jean-Pierre.

Seigneur, mon Dieu sauveur ! Le jour, la nuit, j'ai crié vers toi (Ps 88,2) ! Croyons que Jésus-Christ reste présent à tous nos cris et qu'il habite les nuits de nos vies pour les conduire, dès maintenant, dans sa lumière et sa paix. Amen.

Fidélité / Foi / Maladie

21
Mon Rédempteur est vivant
Job 19,25-27
Jean 6,60-69

Job, le patriarche de la Bible, était un homme juste et fidèle. Maintenant, il attend... Il a tout perdu: sa famille, ses possessions, sa santé, l'affection de son épouse, l'amitié de ses proches... Il n'a plus rien. Il préfère la mort à cette vie misérable qui est devenue la sienne.

Mais dans sa détresse, il lui reste cette attente. Une attente qui n'est pas illusoire. Il garde la foi. Comme l'apôtre Paul, *il sait en qui il a mis sa foi* (2Tm 1,12). Au-delà d'une réalité terrible qu'il ne comprend plus, Job pressent que son attente n'est pas vaine, parce que Dieu est vivant. Dans son état, Job n'a plus d'autre espoir que la mort. Mais dans la mort même, il entrevoit une lumière. Dans la vie ou dans la mort, Job ne peut désespérer totalement de son salut: *Je sais bien, moi, que mon rédempteur est vivant, que le dernier, il surgira sur la poussière* (Jb 19,25). Même de la poussière, Dieu a la puissance de faire surgir la vie.

Job croit fermement que *Dieu n'est pas le Dieu des morts, mais des vivants* (Lc 20,38). Lui-même un jour connaîtra la destinée de toute créature humaine: *Après qu'on aura détruit cette peau qui est mienne, c'est bien dans ma chair que je contemplerai Dieu... Mes yeux le verront* (Jb 19,26-27).

Après une vie de foi et de prière, Germaine a subi plusieurs épreuves de santé ces dernières années. Elle a trouvé la paix dans sa confiance en Dieu, source de vie. Elle savait que le Christ ressuscité reste pour nous tous le grand vainqueur de la mort.

Or cela, Job ne le savait pas encore. Avec le peuple de la Bible, l'espérance commençait seulement à grandir en lui: *Mon cœur en brûle au fond de moi* (v.27), criait le patriarche. Il attendait le salut de Dieu.

C'est Jésus qui fait comprendre à ceux qui l'entourent que l'attente de son peuple va trouver son accomplissement dans sa propre personne. Il vient de faire un discours bouleversant: *La volonté du Père qui m'a envoyé, c'est que je ne perde aucun de ceux qu'il m'a donnés, mais que je les ressuscite au dernier jour* (Jn 6,39)... *Je suis le pain vivant qui descend du ciel. Celui qui mangera de ce pain vivra pour l'éternité. Et le pain que je donnerai, c'est ma chair, donnée pour que le monde ait la vie* (v.51).

Certains sont choqués, scandalisés, par des paroles aussi fortes. S'agit-il d'un imposteur, d'un faux prophète ? Ou bien Jésus est-il vraiment le Fils de Dieu ? Or cela, il est possible de le croire. Car dans les actes et dans les paroles de Jésus se dévoile l'Esprit de Dieu. En lui réside la source de vie. Sur lui repose l'Esprit de vie, le souffle créateur du Seigneur de l'univers. Jésus laisse entendre qu'il est effectivement le Fils de Dieu, celui qui est descendu du ciel. Dans son humanité *habite toute la plénitude de la divinité* (Col 2,9).

Certains le reconnaissent. En eux, la communion avec le Christ a fait surgir le don de la foi. Des disciples pressentent que le Dieu de leurs ancêtres est présent en Jésus de Nazareth. En lui débouche la longue attente d'Israël. *Personne ne peut venir à moi si cela ne lui est donné par le Père* (Jn 6,65), déclare Jésus. La foi est un don; le don d'une rencontre. Le don d'un Amour qui éveille l'amour tapis au fond de nous. Une rencontre que l'on peut laisser de côté, ou une rencontre que l'on peut transformer en amitié.

L'apôtre Pierre le sait bien. Il ressent en son cœur la brûlure de l'espérance de Job. L'Esprit du Seigneur *atteste à son esprit* (Rm 8,16) que Jésus est *la résurrection et la vie* (Jn 11,25). Pierre a trop fréquenté Jésus pour douter encore. Et il s'exclame: *Seigneur, à qui irions-nous ? Tu as des paroles de vie éternelle !* (Jn 6,68)

C'est le cri de la foi ! La découverte que Job attendait ! L'assurance qui accompagnait Germaine. La foi découvre, émerveillée, que Christ est *la vie*, que Christ est *le chemin*, que Christ est *la vérité* (14,6). Et Pierre, bouleversé, connaîtra un peu plus tard le privilège de devenir témoin de la réalisation de son espérance. Le soir de Pâques, il recevra *la paix* de la part de Jésus ressuscité (20,19). Il pourra ensuite lui dire en vérité, comme une consécration de toute son existence: *Seigneur, toi qui connais toutes choses, tu sais bien que je t'aime* (21,17).

Disciple du Seigneur, comme Pierre, Germaine a reçu son pardon et sa paix. Elle est entrée maintenant dans la vie de Celui qu'elle a aimé, de Celui en qui elle a cru. Elle peut se reposer dans la contemplation de son Rédempteur. Amen.

Amitié / Montagne / Suicide assisté

22

Aucun de nous ne vit pour soi-même
Psaume 121 / Romains 14,7-9
Jean 10,6-11

Nous sommes confrontés à un paradoxe douloureux. Maurice aimait la vie et les siens. Il cultivait l'amitié de manière remarquable. Et voilà que, terrassé par des souffrances insupportables, il a choisi de mettre un terme à ses jours.

Etrange société dans laquelle nous vivons, où la vie d'une personne qui souffre semble perdre toute valeur ! On parvient peu à peu, sournoisement, à nous en persuader, en parlant de « mourir dans la dignité ».

La Bible ne parle pas de la dignité de la mort. La mort est au contraire l'ennemie à vaincre. Accepter la mort n'a de sens que quand il s'agit de donner, à la suite du Christ, sa vie par amour pour les autres et pour Dieu. L'Evangile relève au contraire la dignité de toute vie humaine, même de la plus désespérée. Au point que Jésus s'identifie lui-même à toute personne souffrante : *Seigneur, quand nous est-il arrivé de te voir malade et de venir à toi ?... En vérité,* dit le Seigneur, *je vous le déclare, chaque fois que vous l'avez fait à l'un de ces petits qui sont mes frères, c'est à moi que vous l'avez fait !* (Mt 25,39-40) Chaque être humain porte en lui l'image de Dieu, même dans la souffrance. Une souffrance que le Christ, sur la croix, a assumée jusqu'au bout.

Le Psaume 121 est souvent choisi par les passionnés de montagne. Dans les sommets, ils peuvent contempler l'œuvre grandiose du Créateur : *Je lève les yeux vers les montagnes... Le secours me vient du Seigneur, l'auteur des cieux et de la terre* (Ps 121,1-2). Cette prière biblique affirme aussi une issue possible au désespoir : *Le Seigneur te gardera de tout mal. Il gardera ta vie.* (v.7) Cela peut faire tristement sourire : nous avons tellement vu Maurice souffrir ; beaucoup d'entre vous l'ont accompagné dans sa maladie. Difficile, dans ces conditions, de réciter tranquillement que le *Seigneur l'a gardé de tout mal…*

Et pourtant, le Seigneur gardait sa vie. Pourquoi ? Nul ne saurait le dire exactement. Il aimait encore, il était encore aimé, par vous tous. Dans son extrême affaiblissement habitait toujours la vie de Dieu. *Qui aime son frère demeure dans la lumière* (1Jn 2,10), dit la Bible. Cette lumière brillait encore ces derniers jours dans son appartement ; elle nous était précieuse, elle était précieuse au Seigneur.

En tant que chrétiens, cela ne devrait pas nous étonner. Nous savons bien que la vie de Dieu, la puissance de son amour, s'est manifestée dans la plus terrible des souffrances. C'est en acceptant l'horreur de la croix que le Christ nous a sauvés.

Les douleurs de notre ami resteront toujours pour nous incompréhensibles. Nul ne saurait se mettre à sa place. Mais Dieu, en son Fils, a choisi de devenir avec nous, avec lui, *homme de douleurs, familier de la souffrance* (Es 53,3). Ce faisant, il nous révèle que notre sort est le sien. Même une existence *broyée par la souffrance* (v.10) conserve la trace de son visage.

Le Seigneur a fait cela parce que chacune de nos vies garde un prix inestimable à ses yeux. Le commandement biblique: *Tu ne tueras pas* (Ex 20,13), est un futur, qui dessine un chemin, une promesse… Pour la Bible, la vraie vie consiste à demeurer en Dieu, dans la fidélité à sa volonté, dans la reconnaissance pour sa grâce. Dieu nous donne l'existence parce qu'il nous aime et pour que nous l'aimions.

Nous croyons pouvoir disposer de la vie humaine. L'apôtre Paul nous rappelle qu'elle ne nous appartient pas : *Aucun de nous ne vit pour soi-même... Si nous vivons, nous vivons pour le Seigneur* (Rm 14,7.8). Il ose l'affirmer, alors qu'il sait très bien que *chaînes et détresses l'attendent* (Ac 20,23). Mais sa vie est au Christ. Plus rien d'autre ne compte pour lui. Il a accepté le sens ultime de toute vie humaine : *Avec le Christ, je suis un crucifié ; je vis, mais ce n'est plus moi, c'est Christ qui vit en moi. Car ma vie présente dans la chair, je la vis dans la foi au Fils de Dieu qui m'a aimé et s'est livré pour moi* (Ga 2,19-20). La valeur de sa vie vient de ce qu'elle appartient à Dieu, et il trouve la paix dans cette assurance que le Seigneur la gardera pour l'éternité.

La découverte de l'amour de Dieu en Christ nous révèle la valeur de chacune de nos existences devant Dieu. Elle nous annonce aussi sa miséricorde inconditionnelle. En écrivant ces mots : *personne ne meurt pour soi-même* (Rm 14,7), l'apôtre s'interdit toute condamnation. Il ajoute, à l'adresse de ses correspondants : *Mais toi, pourquoi juges-tu ton frère ?* (v.10) De quel droit condamner, quand le Christ n'est venu que pour sauver ? *C'est pour être Seigneur des morts et des vivants que Christ est mort et qu'il a repris vie* (v.9).

Cette joie de croire en Dieu qui nous pardonne et qui ne regarde plus nos transgressions, nous aimerions encore la partager avec notre frère : *Dieu est riche en miséricorde*, nous dit la Bible *et, à cause du grand amour dont il nous a aimés, alors que nous étions morts à cause de nos fautes, il nous a donné la vie avec le Christ... C'est par la grâce, en effet, que vous êtes sauvés, par le moyen de la foi ; vous n'y êtes pour rien, c'est le don de Dieu* (Ep 2,4.8).

Le bon Berger qu'est le Christ ne fait pas de distinction entre ses brebis. Mieux encore, c'est pour celle qui est blessée ou perdue qu'il se met le plus en peine. Jésus résume sa mission de Fils de Dieu dans l'Evangile que nous avons entendu : *Moi, je suis venu pour que les hommes aient la vie et qu'ils l'aient en abondance* (Jn 10,10).

Cette surabondance de vie, nous pouvons la connaître dès ici-bas en devenant disciples de Jésus. C'est la joie de vivre avec lui, maintenant et toujours ; il s'agit d'une paix qui demeure, même dans la détresse.

Et c'est une espérance plus forte que la maladie et la mort. La Bible nous dit que *les souffrances du temps présent sont sans proportion avec la gloire qui doit être révélée en nous* (Rm 8,18), et que *rien ne pourra nous séparer de l'amour de Dieu manifesté en Jésus-Christ, notre Seigneur* (8,39). Amen.

Foi discrète / Solitude affective

23
Assimilés à sa mort, nous le serons aussi à sa résurrection
Psaume 139,1-12 / Romains 6,3-9
Jean 10,14-16

Nous avons écouté un texte un peu difficile de l'apôtre Paul. Retenons qu'il cherche à nous mettre en présence du pardon et de l'amour de Dieu, manifestés en Jésus-Christ, et de la vie éternelle qu'il nous donne avec son Fils.

Paul nous renvoie à notre baptême, à celui que notre sœur a reçu, comme signe que nous avons été plongés dans l'œuvre de salut de Dieu, unis à la mort et à la résurrection du Christ.

Telle est la sagesse étonnante de Dieu. Son amour est folie en faveur de chacun de nous. Nous construisons notre vie loin de lui. Nous hésitons à faire jaillir par des gestes concrets l'amour qu'il a semé dans nos cœurs... Mais Dieu reste fidèle à sa volonté de nous sauver, en nous unissant à lui pour l'éternité.

Dieu est venu dans notre humanité. Il a partagé nos souffrances et nos morts pour nous conduire dans sa vie divine. C'est ce qu'écrit l'apôtre Paul : *Nous avons été totalement unis, assimilés à sa mort, nous le serons aussi à sa résurrection* (Rm 6,5).

Voilà ce qui a été donné à notre amie. Elle est restée discrète dans l'expression de ses affections et de sa foi. Nous le savons bien car c'est vrai pour chacun de nous : la vie nouvelle, unie au Christ, ne rejaillit pas toujours de manière éclatante dans nos existences terrestres ! Mais le Christ nous appelle tels que nous sommes. Il nous reste encore bien du chemin à faire pour arriver au terme de la perfection. Mais Jésus vient à nous pour nous entraîner dans son sillage.

Sur ce chemin, il nous prend la main. C'est ce qu'annonçaient les magnifiques paroles du Psaume 139 : *Tous mes chemins te sont familiers... Tu me serres de près, tu poses la main sur moi... Ta main me conduit, ta droite me tient...* (Ps 139,3.5.10)

La tendresse de Dieu est plus pressante que nos affections humaines. Elle s'offre pour nous conduire avec lui dans la vie qui ne finit pas : *Si nous sommes morts avec Christ, nous croyons que nous vivrons aussi avec lui* (Rm 6,8).

Une image biblique évoque le soin attentif que le Seigneur prend de chacun de nous : celle du berger, du *bon berger qui se dessaisit de sa vie pour ses brebis* (Jn 10,15).

En Jésus-Christ, Dieu se révèle comme celui qui n'abandonne jamais les siens. *Je connais mes brebis et mes brebis me connaissent* (v.14). Il sait ce qui habite notre être profond, et pas seulement ce qui se voit de l'extérieur.

Quand un décès nous arrache une personne aimée, Jésus, dans l'Evangile, nous rappelle les liens qui nous unissent à lui. Alors qu'aujourd'hui nous sommes placés une nouvelle fois devant le terrible mystère de la mort, nous nous souvenons que Jésus aussi a connu la mort, puis la mise au tombeau. Mais il est ressuscité le jour de Pâques. Et cela, il l'a fait pour chacun de nous, pour nous donner en partage son éternité. *C'est à ceci que désormais nous connaissons l'amour : lui, Jésus, a donné sa vie pour nous* (1Jn 3,16).

Ce don est pour tous. Jésus le signifie clairement : *J'ai d'autres brebis qui ne sont pas de cet enclos et celles-là aussi, il faut que je les mène ; elles écouteront ma voix et il y aura un seul troupeau et un seul berger* (Jn 10,16).

Tous sont invités à se rassembler autour de Jésus ressuscité. Il a donné sa vie par amour ; nous pouvons croire à son amour pour notre sœur qui vient de nous quitter. Et dans la confiance, nous sommes tous invités à répondre à l'appel de sa voix. Amen.

Affection / Amitié / Maladie / Montagne / Nature

24
Le secours me vient du Seigneur
Psaume 121 / 1 Jean 4,7-10
Jean 10,14-16

D'où le secours me viendra-t-il ? (Ps 121,1)... La maladie poursuivait son œuvre destructrice dans la vie de notre ami. A vue humaine, sa situation était sans espoir. On le savait dans l'antichambre de la mort. Et pourtant, la lumière brillait déjà dans les ténèbres : sa famille peut témoigner de ces moments riches, remplis d'affection, vécus avec Jean-Paul jusqu'à ses derniers instants, dans le silence et les gestes les plus simples de la tendresse. Dans le cœur de Jean-Paul et des siens, la lumière de l'amour n'a jamais cessé de briller.

La 1ère lettre de Jean vient de nous apprendre que cette lumière est celle de Dieu : *L'amour vient de Dieu, et quiconque aime est né de Dieu* (1Jn 4,7). C'est dans la plénitude de cette lumière que notre frère est entré maintenant.

Jean-Paul aimait la compagnie, le partage, les échanges avec les autres. La Bible nous dit que là se trouve un chemin vers Dieu, un itinéraire de découverte de son mystère : *Qui n'aime pas n'a pas découvert Dieu, puisque Dieu est amour* (v.8).

Parce que *Dieu est amour,* nous pouvons attendre de lui notre salut, avec confiance : *Le secours me vient du Seigneur, l'auteur des cieux et de la terre... Le Seigneur gardera ta vie. Le Seigneur gardera tes allées et venues, dès maintenant et pour toujours.* (Ps 121, 2.7-8)

C'est sur des paroles comme celles de ce psaume que se fondait la confiance de Jésus, son abandon entre les mains de Dieu. Il savait que, même dans la mort, il pouvait attendre son secours de la puissance de son Père. Telle fut sa dernière parole : *Père, entre tes mains, je remets mon esprit* (Lc 23,46). Jésus attendait ce salut pour lui-même, mais aussi et surtout pour nous tous : *Voici comment s'est manifesté l'amour de Dieu au milieu de nous : Dieu a envoyé son Fils unique dans le monde, afin que nous vivions par lui* (1Jn 4,9).

Nous vivons par lui, quand nos cœurs s'ouvrent à la louange dans la contemplation de la création de Dieu. Nous vivons par lui, quand nos cœurs s'éveillent à l'amour, dans le partage fraternel avec notre prochain. Nous vivons par lui, quand nos cœurs, dans une chambre de malade, savent déborder de tendresse. *Mes bien-aimés, aimons-nous les uns les autres, car l'amour vient de Dieu* (v.7).

Surtout, nous vivons par lui, quand c'est lui qui vient à nous. Jésus-Christ, c'est Dieu qui nous prend par la main pour nous accompagner sur un chemin d'éternité. Ce chemin commence quand nous *écoutons sa voix* (Jn 10,16). Or aujourd'hui, alors que nous sommes frappés par le deuil et la tristesse, nous avons particulièrement besoin d'écouter cette voix.

Voici ce qu'elle nous dit : *Je suis le bon berger, je connais mes brebis et mes brebis me connaissent* (v.14). Jésus était un fin observateur de la nature et des activités agricoles. Il savait aussi arpenter les sentiers de montagne pour en retirer un enseignement. Il aimait lire, dans ce qu'il observait, les signes de l'amour de Dieu.

Le spectacle d'un berger avec ses moutons évoquait pour lui le soin attentif que Dieu prend de chacun de nous. Par cette image, il voulait faire comprendre que ce soin allait se manifester dans sa mort et dans sa résurrection : le bon berger *se dessaisit de sa vie pour ses brebis* (v.15).

En Jésus-Christ, Dieu se révèle comme celui qui n'abandonne jamais les siens. Alors que la mort nous arrache une personne aimée, Jésus nous rappelle les liens profonds qui nous unissent à lui. Il a partagé notre humanité et nos morts pour que nous partagions sa divinité et sa vie éternelle.

Aujourd'hui nous sommes confrontés une nouvelle fois au mystère de la mort. Souvenons-nous que Jésus aussi a connu la mort, puis la mise au tombeau. Mais il est ressuscité le jour de Pâques. Et cela, il l'a fait pour chacun de nous. Pour reprendre une image montagnarde, Jésus, par sa mort et sa résurrection, est devenu le premier de cordée d'une multitude de ressuscités.

Sa promesse de vie est pour tous. Jésus veut nous rassembler tous autour de lui : *J'ai d'autres brebis qui ne sont pas de cet enclos et celles-là aussi, il faut que je les mène ; elles écouteront ma voix et il y aura un seul troupeau et un seul berger* (v.16).

Jésus a donné sa vie pour nous (1Jn 3,16), pour notre frère qui vient de nous quitter. Maintenant, nous sommes tous invités à répondre, par la foi, à l'appel de sa voix. La vie nouvelle que Dieu nous propose consiste à marcher à la suite du *bon berger*, dès aujourd'hui, dans l'obéissance et dans l'espérance. Amen.

Incompréhension / Jeune / Mort brutale

25

Seigneur, entends mon cri !
Psaume 39,5-8.13a
Jean 11,17-27

Dans ce récit évangélique, Marthe pleure son frère, comme vous pleurez votre enfant, votre frère, votre ami. Elle crie à Dieu sa détresse, son incompréhension. Elle exprime sa peine immense de la mort de son frère, et son regret que Jésus ait été absent à ce moment-là.

Nous aussi, nous sommes accablés de douleur face à la mort de Damien. Nous ne comprenons pas. Le départ brutal de Damien nous plonge dans un sentiment d'impuissance, peut-être même de révolte. Nous sommes tentés de dire au Christ les paroles de Marthe: *Seigneur, si tu avais été ici, mon frère ne serait pas mort* (Jn 11,21). Dieu serait-il donc absent des malheurs et des deuils qui nous frappent ?

Mais la venue de Jésus auprès des sœurs de Lazare n'est-elle pas justement le signe de la présence de Dieu à nos côtés, même si nos yeux ne savent pas le reconnaître ? Dans sa détresse, Marthe garde la foi. Elle n'a plus que cela : *Ecoute ma prière, Seigneur, et mon cri ; prête l'oreille à mes larmes !* (Ps 39,13) Marthe reste convaincue que Jésus est l'envoyé de Dieu. Il est davantage que l'ami qu'elle servait à table ; il est son *Seigneur*. Elle reconnaît en lui le Fils de Dieu : *Tout ce que tu demanderas à Dieu, Dieu te le donnera* (Jn 11,22).

Alors Jésus lui adresse cette parole extraordinaire: *Ton frère ressuscitera... Je suis la résurrection et la vie : celui qui croit en moi, même s'il meurt, vivra ; et quiconque vit et croit en moi ne mourra jamais* (v.23.25-26).

Il s'agit d'abord, dans ce récit de la Bible, d'une promesse pour l'immédiat: Jésus va effectivement faire sortir Lazare du tombeau afin de manifester qu'il est plus fort que la mort. Mais ce retour de Lazare à la vie ne sera que provisoire. Ce sera un signe pour nous dire qui est Jésus, mais pas encore une réponse à nos deuils.

Jésus est en marche vers Jérusalem, où il sera arrêté, puis mis à mort sur une croix. Et là, le jour de Pâques, se produira un autre miracle, qui nous concerne cette fois-ci directement. Jésus va manifester dans sa personne qu'il est pour tous *la résurrection et la vie* (v.25). La sortie de Lazare de son tombeau annonce que Jésus passera quelques jours plus tard de la mort à la vie éternelle. Elle annonce donc en même temps que notre mort humaine est un passage vers la vie en plénitude que Dieu a préparée pour nous en Jésus-Christ.

En ce jour de deuil, avec tous nos pourquoi, avec notre détresse et notre difficulté à réaliser que Damien n'est plus avec nous, nous venons à la rencontre de Jésus comme Marthe, la sœur de Lazare. A travers nos larmes, nous lui crions notre prière et notre foi : *Oui, Seigneur, je crois que tu es le Christ, le Fils de Dieu, celui qui vient dans le monde* (v.27).

Et parce que Jésus, le Seigneur, est lui-même passé par la mort pour nous conduire dans sa résurrection, nous pouvons garder une lueur d'espoir. Dieu est pour nous, et rien ne peut nous séparer de lui.

Damien nous laisse dans le silence de son absence. *Dès lors, que puis-je attendre, Seigneur ? Mon espérance est en toi* (Ps 39,8), dit la prière biblique. Il nous reste la foi en un Dieu qui nous aime au point de vivre avec nous toutes nos détresses. Au point d'habiter nos larmes et d'accompagner Damien dans sa mort. L'ami que nous pleurons n'est pas perdu pour toujours. Il est parti retrouver le Christ ressuscité.

Jésus, présent auprès des sœurs de Lazare, son ami, a fortifié leur foi et leur espérance. Accueillons ce récit de la Bible comme une promesse. Marcher à la suite de Jésus-Christ, c'est marcher dès maintenant sur un chemin de vie éternelle. Amen.

26
Notre assurance en Christ
Ephésiens 2,4-10
Jean 11,20-27

L'Evangile de Jean nous parle simplement et concrètement de la présence de Dieu auprès de nous dans les deuils que nous vivons.

Marthe est éplorée. Elle vient de perdre Lazare, son frère bien aimé. Jésus arrive mais il est trop tard. Lui qui a prouvé en d'autres circonstances qu'il possédait la faculté de guérir les malades, pourquoi ne s'est-il pas dépêché de venir au secours de son ami ? Jésus n'a rien fait pour empêcher cette épreuve. Déchirée par la douleur, Marthe s'écrie donc: *Seigneur, si tu avais été ici, mon frère ne serait pas mort !* (Jn 11,21)

Dans ce récit, Marthe, avec son franc parler, devient la porte-parole de nos incompréhensions quand nous vivons le deuil d'un être cher. Or Jésus ne répond pas à Marthe par de longs discours mais par sa simple présence amicale, porteuse d'une promesse extraordinaire. Et parce que Jésus est là, il manifeste que Dieu nous rejoint dans tous nos deuils. Parce que Jésus aimait Lazare, Marthe et leur sœur Marie, leur cri de détresse est aussi le sien, leurs larmes sont aussi les siennes...

Jésus est présent à la mort de ceux qu'il aime. Il est avec nous maintenant. Sa présence est d'abord celle de l'amour. Elle est la présence gratuite d'un ami qui tient la main de celui qui pleure.

Mais sa présence contient aussi une promesse. Jésus fait comprendre qu'il refuse le caractère définitif d'une telle situation de souffrance. Il dit à Marthe: *Ton frère ressuscitera* (v.23). Curieusement, cette affirmation reçoit assez peu d'écho dans le cœur de Marthe. En bonne croyante, elle sait bien que Dieu possède la puissance de ressusciter les morts: *Je sais*, dit-elle, *qu'il ressuscitera lors de la résurrection au dernier jour !* (v.24) Cela ne guérit pas sa douleur. Tout ce qu'elle constate, pour l'instant, c'est que son frère n'est plus là. Et l'abîme d'une longue séparation et d'un immense mystère s'ouvre devant elle.

Alors Jésus devient plus précis. Il révèle que c'est en lui que réside la victoire sur la mort. En lui est la vie, dès maintenant : *Je suis la résurrection et la vie : celui qui croit en moi, même s'il meurt, vivra.* (v.25) Et, pour le manifester à Marthe et à Marie, pour le manifester à nous tous qui avons besoin de signes concrets, Jésus redonne effectivement, dans la suite du récit, la vie à son ami Lazare.

Cette résurrection de Lazare n'est qu'un signe. Elle reste provisoire. Lazare, une nouvelle fois, devra mourir, comme nous tous. Il est sorti de son tombeau pour annoncer une autre résurrection. Jésus le laisse clairement entendre à Marthe: *Quiconque vit et croit en moi ne mourra jamais* (v.26) ! Ce *jamais* est pour tous. Il est pour Bernard et pour nous tous. *Crois-tu cela ?* (id.), demande encore Jésus...

Ce n'est pas la résurrection provisoire de Lazare qui nous permet de le croire, mais la résurrection de Jésus lui-même. En Jésus-Christ, Dieu ne s'est pas contenté de manifester sa présence au cœur de nos souffrances et de nos deuils. Il est allé jusqu'à connaître la mort pour nous donner sa vie. Jésus est mort, il est ressuscité et il est vivant désormais pour toujours. Sa victoire définitive sur la mort, il nous la donne en partage.

L'apôtre Paul le dit autrement : *C'est par grâce que vous êtes sauvés* (Ep 2,5). De quoi s'agit-il ? Nous n'employons plus beaucoup ce mot de *grâce* dans notre langage courant. Pour nous chrétiens, il s'agit du don gratuit de la vie de Dieu, en Jésus-Christ, pour maintenant, pour toujours et pour tous. C'est la manifestation du *grand amour* (v.4) de Dieu pour chacun de nous.

Paul, dans ce passage de l'Epître aux Ephésiens, nous amène à pressentir ce que signifie cet amour: Dieu *nous a donné la vie avec le Christ, ...avec lui, il nous a ressuscités et fait asseoir dans les cieux* (v.5-6). La grâce, c'est ce don absolument gratuit de Dieu: *Vous n'y êtes pour rien, c'est le don de Dieu* (v.8). Elle n'est pas pour un futur lointain; elle est pour le présent. Jésus-Christ a donné sa vie pour que la vie nous soit donnée: *Avec lui, il nous a ressuscités* (v.6).

Jésus n'offre pas une réponse facile à toutes nos questions sur la mort. Bien que sa vie ait été transformée par la rencontre du Seigneur ressuscité, l'apôtre Paul lui-même continuait à s'interroger. Il ne comprenait pas toujours le sens de ses souffrances. Mais, dans la vie comme dans la mort, sa seule assurance était en Christ. A notre tour, plaçons notre confiance et notre espérance dans le Christ, le Fils de Dieu, venu dans le monde pour être *la résurrection et la vie*. Amen.

Désespoir / Incompréhension / Nature / Sentiment d'injustice / Tous

27
Si tu avais été ici !
Esaïe 60,18-20
Jean 11,32-45

A l'époque de la prophétie d'Esaïe que nous avons entendue, Israël aspirait à une paix durable. Et Jérusalem attendait la restauration de son temple, symbole de la présence de Dieu au milieu de son peuple, annonce d'une ère nouvelle de justice. Le prophète promettait des temps meilleurs: *Désormais ne se fera plus entendre la violence dans ton pays... Les jours de ton deuil seront révolus...* (Es 60,18.20)

Mais son regard porte plus loin qu'une restauration seulement matérielle de Jérusalem. A quoi bon reconstruire la ville et son temple, si c'est pour recommencer comme avant à bafouer le Nom de Dieu, à vivre de rapines, d'adultères et de mensonges ? Le prophète annonce un projet bien plus vaste. Il parle pour Dieu. Il proclame le dessein du Seigneur en faveur d'une humanité qu'il aime passionnément. Esaïe rappelle ce que Dieu a toujours voulu pour cette terre.

La souffrance et le deuil ? Certainement pas ! Et pourtant, nous y sommes tous confrontés. Claude savait ce que c'était... Comment, après cela, ne pas crier à Dieu ? Comment ne pas ressentir cruellement l'injustice de ce monde ?

Oui, ce monde est injuste. Et la Bible le regrette, dès ses premières pages. Il est terriblement injuste parce qu'il s'est détourné de Dieu. Séparé de la source de toute vie et de tout amour, il a sombré dans la mort et la violence. Ce monde injuste, ce n'est pas Dieu qui l'a choisi, mais notre prétention à vouloir nous passer du Seigneur.

C'est un monde juste que Dieu nous offrait, et il nous propose encore de le reconstruire avec lui.

Au cœur de ce monde, Dieu a même pris le risque de venir nous parler. De venir en personne nous montrer un autre chemin possible : celui du pardon, de l'amour et de la vie éternelle.

Notre Evangile commence par le désespoir de Marie, dont le frère Lazare vient de mourir. Il commence par le cri que nous lançons à la face de Dieu quand ceux qui nous sont chers disparaissent: *Seigneur, si tu avais été ici, mon frère ne serait pas mort* (Jn 11,32) ! « Dieu, si tu existes, nous as-tu donc abandonnés ? »

Précisément non. Ici, Jésus est confronté à la mort de son ami Lazare. Jésus est avec nous, aujourd'hui, devant le cercueil de Claude. Et Jésus frémit en voyant les larmes de Marie. Jésus frémit devant nos larmes. Il pleure avec ceux qui pleurent. En lui s'exprime la détresse de Dieu devant les souffrances et la mort de ses enfants. Car Dieu est la Vie. *En Christ,* écrit encore Jean, *était la vie, et la vie était la lumière des hommes.* (Jn 1,4)

La vie et la lumière de Dieu venues dans le monde se manifestent dans cet épisode de la résurrection de Lazare. Certes, la vie retrouvée par le frère de Marthe et de Marie n'est pas encore définitive. Elle ne le deviendra qu'en passant par la résurrection de Jésus. Mais cet épisode de Lazare qui sort du tombeau est un signe concret donné par Jésus à tous ceux qui pleurent: il est venu pour qu'en lui les humains retrouvent la vie en abondance.

Celui qui avait été mort sortit, les pieds et les mains attachés par des bandes, et le visage enveloppé d'un linge (v.44). Cette vision fantomatique n'est pas relatée pour nous faire rêver, mais pour nous conduire à croire. Par la résurrection de son ami, Jésus veut annoncer une autre victoire, bien plus essentielle: la sienne. C'est cette résurrection de Jésus, germe d'un monde nouveau, qui nous est promise.

La beauté du monde dans lequel nous vivons n'échappait pas à Claude. Notre ami aimait la nature, le soleil, et savait en savourer la contemplation. Mais Claude en a aussi connu la face blessée, corrompue par l'existence du malheur. C'est dans ce monde qui était le sien et qui reste encore le nôtre qu'en son Fils Jésus-Christ, Dieu est venu nous trouver, avec le corps meurtri et le visage défiguré de toutes les détresses humaines.

Il nous annonce aujourd'hui qu'il détient un pouvoir sur la mort et qu'il en est définitivement le grand vainqueur. Le Christ est ressuscité; Jésus est vivant pour toujours. Il nous accorde le pardon de Dieu et le partage de sa vie. En lui commence à se réaliser ce monde nouveau, mystérieusement annoncé par le prophète Esaïe à ses compatriotes éprouvés: *Le Seigneur sera pour toi la lumière de toujours, c'est ton Dieu qui sera ta splendeur... Les jours de ton deuil seront révolus.* (Es 60,18.20)

La rencontre de Jésus avec Marie, la sœur de Lazare, montre que l'espérance en la résurrection ne saurait masquer l'horreur de la mort. Les pleurs de Jésus interdisent de relativiser le drame de ceux qui vivent un deuil.

Mais ils nous révèlent que ce drame est aussi celui de Dieu, qui est précisément venu partager notre humanité pour nous en délivrer. Par sa résurrection, Jésus est devenu *la lumière de toujours* pour Claude. A nous, il redit ces paroles prononcées devant le tombeau de son ami: *Je suis la résurrection et la vie: celui qui croit en moi, même s'il meurt, vivra; et quiconque vit et croit en moi ne mourra jamais* (Jn 11,25-26). Amen.

Affection / Deuils / Dévouement / Noël

28
Un Sauveur, qui est le Christ Seigneur
Psaume 62,6-13 / Matthieu 11,25-30
Jean 12,23-26

Jésus parle d'une révélation. Comme si, subitement, les mystères de la vie et de la mort allaient trouver une explication. Mais il ne donne pas d'explication. La mort brutale de notre amie restera pour nous un mystère. C'est Jésus qui est la révélation. Il est venu, tout simplement, porteur de la présence de Dieu pour ceux qui sauront l'accueillir.

Nous venons de fêter Noël. Nous avons célébré la révélation du Père par le Fils, non pas *aux sages et aux intelligents,* mais *aux tout-petits* (Mt 11,25). Le Fils de Dieu naît dans une étable ; il a le visage d'un enfant ; ce sont des bergers qui le découvrent en premier.

Dans la naissance puis dans la vie de son Fils, Dieu se révèle en s'abaissant. Il s'approche de ceux qui souffrent : il partage leur détresse ; il pleure avec ceux qui pleurent. Nous l'avons chanté à Noël : *C'est pour nous qu'il vient sur la terre, qu'il prend sur lui notre misère. Un Sauveur nous est né, le Fils nous est donné !*[4]

Les *sages* de ce monde ont fait de Dieu un juge sévère, parfois même un bourreau. Les cœurs brisés par le deuil, la maladie, la solitude, peuvent reconnaître au contraire dans le Christ leur frère, leur Sauveur et leur espérance.

---

[4] Extrait du cantique *Voici Noël, ô douce nuit !* (Recueil *Psaumes, Cantiques et Textes pour le culte*, Monthey, 1976 : n°267) : paroles de Mélanie MELLEY-ROCHAT.

En Jésus-Christ, Dieu se révèle *doux et humble de cœur* (v.29). Et il prend notre avenir entre ses mains : *Vous trouverez le repos de vos âmes* (id.). Dans les deuils, il reste possible de s'accrocher à ces paroles bibliques : *Mon âme est tranquille devant Dieu ; mon salut vient de lui* (Ps 62,2). Cette sérénité s'offre à nous tous, depuis qu'*il nous est né dans la ville de David, un Sauveur qui est le Christ Seigneur* (Lc 2,11).

Jésus est notre Sauveur dans sa mort et sa résurrection. Rejeté par les hommes, il nous a pardonné dans ses souffrances. Et par sa mort, il a vaincu la mort.

Il nous livre cette petite parabole : *Si le grain de blé qui tombe en terre meurt, il porte du fruit en abondance* (Jn 12,24). Par ces paroles, il annonce sa passion.

Le blé, c'est le pain, c'est la vie. Le blé semble mourir quand il est mis en terre ; le blé doit être broyé pour devenir farine et nourriture. Anéanti, il resurgit, porteur de fruits, porteur de vie...

Pour l'évangéliste Jean, la gloire du Christ se manifeste évidemment dans sa résurrection, victoire éclatante de la vie de Dieu. Mais elle réside aussi déjà tout entière dans sa mort, annoncée ici par Jésus : *Elle est venue, l'heure où le Fils de l'homme doit être glorifié* (v.23).

Après la crèche, la croix dévoile au monde la pleine réalité de Dieu : ce qu'il est, et surtout ce qu'il est pour nous. En son Fils, Dieu est venu *en terre* (v.24), la nuit de Noël, partager les plus sombres heures de notre humanité. Plus tard, on l'a mis *en terre*, dans un tombeau. Le *Christ Seigneur* est mort avec nous pour nous faire vivre avec lui. Dans l'amour et la souffrance, Jésus s'est donné pour nous faire passer de la mort à la vie.

Amitié, affection, dévouement, souffrance… voilà des mots qui évoquent des souvenirs que nous gardons de Muriel. A sa manière, elle fut un petit grain de blé dans les mains de Dieu ; avec nous, elle a semé quelque chose de son Royaume.

Jésus dit : *Celui qui aime sa vie la perd, et celui qui cesse de s'y attacher en ce monde la gardera pour la vie éternelle* (v.25). Nous apprenons aujourd'hui, dans les larmes, un certain détachement. Il nous faut prendre congé de notre amie. Il nous faut réaliser la fragilité de notre existence. Comme le rappelait le Psaume 62 : l'homme n'est qu'*un souffle* (Ps 62,10). Le Seigneur nous fait comprendre que la vie en plénitude passe par une certaine mort à soi-même, dans le service, dans une vie de disciple, *à sa suite* (Jn 12,26).

L'amour et la foi donnent à l'existence un avant-goût de l'éternité. Le Seigneur ressuscité nous laisse avec cette promesse : *Là où je suis, là aussi sera mon serviteur* (id.). Amen.

Culpabilité / Générosité

29
Par l'amour, passer de la mort à la vie
1 Jean 3,14.16-20
Jean 12,24-26

La mort met un terme brutal à une vie bien remplie. Elle nous rappelle nos limites humaines. Elle manifeste douloureusement que la création s'est détournée de son Créateur, de sa seule source de vie. Et pourtant, aujourd'hui, nous pouvons confesser que le *don gratuit de Dieu, c'est la vie éternelle en Jésus-Christ, notre Seigneur* (Rm 6,23).

Dans notre abandon, Dieu s'est fait don. Voilà ce qu'est l'amour absolu, l'amour parfait, l'amour infini. La Bible ouvre nos yeux sur une nature humaine pour laquelle il est devenu impossible d'aimer vraiment. Nos meilleurs gestes à l'égard d'autrui ne sont-ils pas entachés d'égoïsme et d'orgueil ? Le véritable amour réside en Dieu. Il se définit surtout dans la Bible par le don absolu. En Jésus-Christ, Dieu, en s'offrant lui-même, nous a tout donné: *C'est à ceci que désormais nous connaissons l'amour: lui, Jésus, a donné sa vie pour nous* (1Jn 3,16).

Cet amour, Dieu le sème dans nos cœurs pour nous rendre capables d'aimer. Non pas encore comme lui, non pas parfaitement ! Dans nos imperfections, l'amour de Dieu reste aussi pardon: *Si notre cœur nous accuse* – et c'est bien souvent le cas ! –, *Dieu est plus grand que notre cœur* par sa miséricorde. Mais nos gestes en faveur des autres, les moments où nous sommes capables de donner de nous-mêmes, d'être généreux, sont des signes du Royaume de Dieu, des marques en nous de la vie du Christ.

Si quelqu'un possède les biens de ce monde et voit son frère dans le besoin, et qu'il se ferme à toute compassion, comment l'amour de Dieu demeurerait-il en lui ? (v.17) Et plus loin dans cette même épître, Jean précise encore que *l'amour vient de Dieu, et que quiconque aime est né de Dieu* (4,7). Marcel connaissait la grandeur de l'amour. Pour lui, c'était important d'en vivre. Il trouvait sa joie dans la générosité, dans le don de son temps...

N'aimons pas en paroles et de langue, mais en acte et dans la vérité (v.18), exhorte encore notre épître. Aimer, c'est toujours concret ; aimer survient dans une relation entre deux personnes. C'est l'échange de ce que l'une peut donner et de ce que l'autre peut recevoir. On aime avec ce que l'on a reçu et qui peut être partagé.

Qu'est-ce que cela nous dit aujourd'hui ? Certes, le souvenir que nous laisse Marcel est à méditer. Mais notre première lecture nous invite à aller encore plus loin: *Nous savons que nous sommes passés de la mort dans la vie, puisque nous aimons nos frères* (v.14). La générosité de Marcel devient le fondement d'une espérance possible. Elle nous parle de l'amour du Christ, capable de nous faire *passer de la mort dans la vie*.

Quand Jésus prononce les paroles de notre Evangile, il vient d'entrer à Jérusalem. Jésus sait qu'il va être condamné. Il s'avance vers son jugement, ses souffrances et sa mort.

Pour faire comprendre le sens que prendra sa mort, il utilise l'image du grain de blé : *Si le grain de blé qui tombe en terre ne meurt pas, il reste seul; si au contraire il meurt, il porte du fruit en abondance* (Jn 12,24). La mort de Jésus sur la croix a pu apparaître comme la fin de sa vie. Mais sa résurrection est devenue pour tous les humains semence de vie éternelle. Par sa mort et sa résurrection, Jésus a ouvert un chemin pour tous. Un chemin que nous sommes invités à suivre.

Celui qui vit replié sur lui-même reste seul. Mais celui qui est généreux s'enrichit ; celui qui donne reçoit. Mieux encore, *celui qui cesse de s'attacher à sa vie en ce monde*, dit Jésus, avec lui *la gardera pour la vie éternelle* (v.25).

Jésus-Christ a donné sa vie pour nous conduire dans le Royaume de son Père. Donner sa vie, c'est le suivre, pour entrer avec lui dans ce Royaume. *Là où je suis*, dit Jésus, *là sera mon serviteur* (v.26). Cette promesse, nous l'entendons aujourd'hui pour Marcel. Et pour nous, elle peut devenir un appel à mettre nos pas dans ceux de Jésus-Christ, un appel à devenir, en toutes choses, serviteurs de son amour. Amen.

Amour / Campagne / Nature / Tous

30
Habiter la maison du Seigneur
Psaume 23 / 1 Corinthiens 13,1-8a.13
Jean 14,1-6

Nous venons d'entendre les paroles poétiques du Psaume 23: *Le Seigneur est mon berger: je ne manque de rien. Sur de frais herbages, il me fait coucher.* (Ps 23,1-2) Ces paroles ont pu trouver un singulier écho dans le cœur de Laurent. Les *frais herbages* étaient là, devant sa fenêtre. Il aimait les contempler. Ils évoquaient un bonheur tranquille.

Pourtant, ce bonheur tranquille, Laurent ne l'a pas toujours connu. Les épreuves ne l'ont pas épargné. Dans ces moments-là, comment accueillait-il ces paroles: *Bonheur et fidélité me poursuivent tous les jours de ma vie* (v.6) ? Je n'en sais rien...

Constatons simplement que le Psaume 23 reste réaliste. Il ne cache pas la possibilité de l'épreuve, même pour le croyant le plus fidèle. Mais au cœur de ces souffrances, il rappelle l'assurance de la présence de Dieu: *Même si je marche dans un ravin d'ombre et de mort, je ne crains aucun mal, car tu es avec moi: ton bâton, ton appui, voilà qui me rassure.* (v.4)

Comment Dieu se montre-t-il présent dans *les ravins d'ombre et de mort* ? Cela, c'est Jésus-Christ qui nous le révèle. En lui, comme nous tous et avec nous tous, Dieu a traversé la mort. L'espérance du Psaume 23 a trouvé son accomplissement dans le Christ qui nous dit: *Je suis le bon berger: le bon berger se dessaisit de sa vie pour ses brebis* (Jn 10,11). Il est mort avec nous et désormais nous mourrons avec lui.

Le Psaume 23 chantait: *Je reviendrai à la maison du Seigneur, pour de longs jours* (Ps 23,6). Dans l'Evangile de Jean, Jésus reprend l'image de la maison pour évoquer la vie éternelle: *Dans la maison de mon Père, il y a beaucoup de demeures* (Jn 14,2). La vie présente est marquée par le péché, par ce désordre dans nos vies et dans le monde qui nous éloigne de Dieu et qui engendre la mort. La vie éternelle, c'est la vie avec Dieu, marquée par un amour qui n'aura pas de fin.

Comme Jésus est ressuscité nous revivrons. Et c'est avec lui que nous revivrons. C'est pourquoi Jésus est le seul chemin qui mène à l'éternité du Père: *Je suis le chemin et la vérité et la vie. Personne ne va au Père si ce n'est par moi.* (v.6)

Ce que la foi chrétienne peut dire sur la *maison du Seigneur* se résume donc dans cette parole du Christ: Je pars *vous préparer le lieu où vous serez. Lorsque je serai allé vous le préparer, je reviendrai et je vous prendrai avec moi, si bien que là où je suis, vous serez vous aussi.* (v.2-3)

Mourir, c'est partir pour être avec le Christ. Voilà les *frais herbages* que nous attendons. Ils représentent ce que le Seigneur veut, pour chacun de nous: être avec nous, dès maintenant et pour toujours.

Celui qui croit peut garder l'espérance. Il sait qu'avec le Christ, un jour, *il recevra la couronne de la vie, promise à ceux qui aiment Dieu* (Jc 1,12). A l'approche de sa mort, Jésus disait à ses disciples: *Vous êtes maintenant dans l'affliction; mais je vous verrai à nouveau, votre cœur alors se réjouira, et cette joie nul ne vous la ravira* (Jn 16,22). La résurrection de Jésus nous donne cette ferme assurance que *rien ne pourra* jamais *nous séparer de l'amour de Dieu* (Rm 8,39).

Pourquoi cela ? Nous en trouvons la réponse dans l'hymne à l'amour de la première lettre aux Corinthiens, autre magnifique poème biblique.

Ce texte nous confirme dans une vérité que nous pressentons tous, d'une manière ou d'une autre, particulièrement quand nous frappe la mort d'un être cher: *L'amour ne disparaît jamais* (1Co 13,8).

Nous le pressentons en effet, mais celui qui nous permet de l'affirmer vraiment, c'est le Christ. C'est lui qui a révélé l'amour de Dieu pour tous, et particulièrement pour les meurtris de la vie. Il a partagé leurs souffrances, leurs cris et leurs larmes.

Jésus a révélé le seul nom qui rende compte de ce que nous pouvons percevoir du mystère de Dieu: *Dieu est Amour* (1Jn 4,8). Et il nous aime tellement qu'il ne saurait se résigner à ce que notre union avec lui puisse trouver un terme dans la mort. Le Père ne peut abandonner ses enfants. Le Christ ne peut délaisser les siens: *Je reviendrai et je vous prendrai avec moi, si bien que là où je suis, vous serez vous aussi.* (Jn 14,3)

L'amour de Dieu pour chacun de nous est éternel. En conséquence, l'amour qu'il sème dans nos cœurs par son Esprit reçoit une dimension d'éternité. Cet amour nous unit à Dieu et, par là même, nous rapproche mystérieusement de ceux qui nous ont quittés. Il nous conduira avec le Christ dans les *frais herbages, près des eaux du repos* (Ps 23,2) où il nous fera revivre.

Maintenant donc, écrit l'apôtre Paul, *ces trois-là demeurent, la foi, l'espérance et l'amour, mais l'amour est le plus grand* (1Co 13,13). L'amour est le nom de Dieu. C'est à nous maintenant qu'il revient d'accueillir cet amour de Dieu au cœur de nos vies, dans la foi et dans l'espérance. Amen.

Foi simple / Questions sur la résurrection / Repas

31
La maison du Père
Psaume 23 / Romains 8,31-39
Jean 14,1-6

Madeleine est partie vers les *frais herbages* promis, les *eaux du repos* (Ps 23,2) de la renaissance...

Qu'en savons-nous cependant ? La mort ne reste-t-elle pas une mystérieuse et douloureuse séparation ? Notre amie apparaît aujourd'hui séparée de nous par des ténèbres dont il nous semble que nous ignorons tout.

En fait, nous en savons un peu quelque chose... Grâce à Celui qui a traversé pour nous, avant nous, *le ravin d'ombre et de mort* (v.4) pour nous en délivrer. Grâce à Jésus-Christ, par lequel nous pouvons affirmer avec assurance que, bien que la mort demeure contre nous, *Dieu est pour nous* (Rm 8,31).

Dieu se révèle dans la Bible comme le Dieu de la vie. Il est le Dieu de la vie parce qu'il est Amour. La mort existe dans le monde. Elle met un terme à notre existence de faiblesse et de péché. Mais elle ne met pas un terme à l'amour de Dieu en notre faveur, ni en sa capacité à nous renouveler. *Dieu est pour nous*, écrit l'apôtre Paul, et il veut l'être pour toujours.

En Jésus-Christ, il s'est fait homme. Il a souffert la mort humaine pour nous donner sa vie divine. Les chrétiens ont dès lors cette bonne nouvelle à proclamer au monde: *Jésus-Christ est mort, bien plus il est ressuscité !* (v.34)

Essayons de comprendre ce que cela signifie. A un moment de l'histoire humaine, en l'an 30 vraisemblablement, un homme nommé Jésus est mort, cloué sur une croix. Trois jours après, son corps n'est plus dans son tombeau. Mieux encore, des personnes qui l'ont bien connu auparavant le reconnaissent vivant, autrement vivant, mais bien vivant !

Evidemment, bien que la plupart des disciples de Jésus aient préféré la persécution et le martyre plutôt que de renoncer à leur proclamation de sa résurrection, on peut douter de ces événements. Pourtant, depuis ce jour, des millions de personnes, au long de l'histoire et à travers le monde entier, ont fait à leur tour l'expérience inouïe de la rencontre de ce même Ressuscité. Telle est la foi des chrétiens.

Et si cela est vrai, comme ils l'affirment, alors, oui, la mort a été vaincue. Le jour de Pâques de l'an 30, Jésus a effectivement vaincu la mort. Il l'a fait pour nous. En lui, en Jésus-Christ, nous reconnaissons le Dieu de la vie, le Dieu qui nous aime tellement qu'il ne peut se résigner à nous voir séparés de lui.

C'est pourquoi l'apôtre Paul, dont l'existence a été entièrement bouleversée par la rencontre du Christ ressuscité, peut s'exclamer: *Nous sommes plus que vainqueurs par celui qui nous a aimés... Rien ne pourra nous séparer de l'amour de Dieu manifesté en Jésus-Christ, notre Seigneur !* (v.37 & 39)

Notre sœur a pressenti cela... Mais où est-elle maintenant ? Où sont ces *frais herbages* (Ps 23,2) promis ? Le Psaume 23 est rempli d'espérance: *Je reviendrai à la maison du Seigneur pour de longs jours* (v.6)... Où est-elle cette *maison du Seigneur* ?

Nous n'en savons rien. Quand nous parlons du *Ciel*, c'est précisément pour exprimer ce qui est hors de portée de nos sens ou de nos intelligences.

Dans l'Evangile de Jean, Jésus reprend l'image de la maison pour évoquer la vie éternelle: *Dans la maison de mon Père, il y a beaucoup de demeures* (Jn 14,2). Cette image exprime une vie avec Dieu, marquée par un amour qui n'aura pas de fin.

Tout cela n'éclaire pas beaucoup notre légitime curiosité. C'est pourquoi Dieu nous a parlé distinctement, très concrètement. Il a pris visage d'homme en Jésus-Christ. Et Jésus a dit: *Celui qui m'a vu a vu le Père* (v.9). Je ne saurais disserter longuement sur Dieu, mais je possède le témoignage précieux de ceux qui ont connu le Christ. C'est lui qui, dans le Nouveau Testament, me révèle le visage d'humilité et de tendresse du Père.

C'est lui aussi qui nous apprend quelque chose sur la résurrection. Parce que Jésus est ressuscité nous revivrons. Comme Jésus est ressuscité nous revivrons. Et c'est avec lui que nous revivrons. Jésus est le seul chemin qui mène à l'éternité du Père: *Je suis le chemin et la vérité et la vie*, dit le Seigneur. *Personne ne va au Père si ce n'est par moi.* (v.6)

Ce que la foi chrétienne peut affirmer sur la *maison du Seigneur* se résume dans cette parole du Christ: *Je vais vous préparer le lieu où vous serez. Lorsque je serai allé vous le préparer, je reviendrai et je vous prendrai avec moi, si bien que là où je suis, vous serez vous aussi.* (v.2-3)

Mourir, c'est partir pour être avec le Christ. Dans la foi, nos vies humaines pressentent ce que cela peut signifier. Dans la résurrection, elles en connaîtront l'accomplissement.

La Bible utilise encore une autre image pour parler de la vie éternelle ou du Royaume de Dieu. Il s'agit de celle du repas, ou du banquet de noce. Nous la retrouvons dans cet étonnant Psaume 23: *Devant moi tu dresses une table,... ma coupe est enivrante.* (Ps 23,5)

La convivialité du Royaume, c'est la dernière promesse que Jésus fait à ses disciples, juste avant sa mort. Nous la rappelons quand nous célébrons la cène: *Je vous le déclare*, disait le Seigneur: *je ne boirai plus désormais de ce fruit de la vigne jusqu'au jour où je le boirai, nouveau, avec vous dans le Royaume de mon Père* (Mt 26,29). Le pain partagé, le fait de boire à une même coupe, annoncent la communion parfaite avec le Christ, quand Dieu sera *tout en tous* (1Co 15,28).

Rien ne pourra nous séparer de l'amour de Dieu manifesté en Jésus-Christ, notre Seigneur (Rm 8,39), écrit l'apôtre Paul. Ce partage sans fin, cette communion en Dieu, Madeleine en a pris le chemin. C'est à nous aujourd'hui de renouveler notre foi. C'est à chacun de nous que le Christ vient offrir cette perspective pleine d'espérance. Nous pouvons l'accueillir maintenant. Car la vie éternelle commence dans la confiance que nous plaçons dans le Christ et dans sa parole. Jésus nous y invite: *Vous croyez en Dieu, croyez aussi en moi* (Jn 14,1). Amen.

Affection / Epreuves / Foi

32
Seigneur, sauve-moi !
Matthieu 14,22-33
Jean 14,1-6

Nous nageons dans l'incroyable ! Ce récit de l'Evangile dans lequel Jésus marche sur les eaux est très connu. Trop connu et mal connu ! Il représente ce genre d'anecdotes que l'on renvoie facilement à la figure des croyants. Comment peut-on encore croire des fables pareilles ?

Que s'est-il passé réellement sur le lac de Gennésareth ? Nul ne peut le dire avec des certitudes historiques. L'Evangile n'est pas un compte-rendu journalistique. Nous ne pouvons que faire confiance aux témoins d'un événement qui s'est déroulé entre Jésus et ses plus proches disciples, ainsi qu'au rédacteur inspiré du récit évangélique. Tous se sont souvenus que, cette nuit-là, la puissance victorieuse de Jésus sur les forces du mal et de la mort s'est concrètement manifestée.

Même pour les disciples, ce fut difficile à croire. Ils pensent d'abord que Jésus est un *fantôme* (Mt 14,26), et le Seigneur reproche à Pierre d'avoir douté (v.31). C'est comme si ce récit de l'Evangile prévoyait notre manque de foi. Nous sommes comme l'apôtre; il nous est difficile de croire l'incroyable. Pourtant, quand nous sommes confrontés à la mort de ceux que nous aimons, il est bon de nous rappeler que la puissance de Dieu est sans limite. Rien ne lui est impossible. Il est notre créateur, maître de la nature et de la vie. Ce récit, dans lequel Jésus anticipe sa résurrection, conjugue le cri du croyant dans sa misère et l'amour de Dieu qui lui tend la main.

Guillaume aurait pu s'approprier personnellement ce récit. L'approche de la mort, le cri de la prière, le salut par le Christ... Quand humainement tout semblait perdu, Guillaume a poussé dans sa détresse le même cri que l'apôtre Pierre: *Seigneur, sauve-moi !* (v.30) Ce fut le cri de sa foi, le cri de sa vie.

Jésus lui-même avait ouvert la voie. Ce récit évangélique nous le révèle Seigneur, mais aussi pleinement humain. *Il monta dans la montagne pour prier à l'écart* (v.23). Jésus aussi ressentait le besoin de se tourner vers son Père. De trouver en Dieu la force de remplir sa mission jusqu'au bout.

Guillaume restait conscient de ses limites tout simplement humaines. Sa bonne santé, ses réussites ne l'empêchaient pas de se tourner vers Dieu. Il reconnaissait que toute puissance et toute vie viennent du Seigneur.

Quand sa santé s'est dégradée, avec les épreuves répétées de la maladie et des hospitalisations, il a expérimenté une autre relation à Dieu : la souffrance, la faiblesse, nous conduisent dans la communion au Christ faible, fatigué, persécuté, torturé.

A Pierre dans la détresse et le doute, Jésus lance cet appel: *Viens !* (v.29) – « Viens à ma rencontre, là où je suis, à tes côtés dans l'épreuve, partageant ta précarité, mais possédant aussi la promesse de ton salut ! » Guillaume a traversé beaucoup d'épreuves dans la foi. Il s'est accroché à la main tendue du Seigneur, qui nous arrache aux grandes eaux, à l'abîme, à la perte de nous-mêmes.

Demeurait l'épreuve ultime, celle que nous connaîtrons tous, le dernier passage de la mort. Guillaume avait eu le temps de s'y préparer, entouré de la tendresse de tous les siens, avec sa foi, fortifiée par les épreuves de la vie, et avec l'espérance que le Christ ressuscité fait naître en nos cœurs.

Dans ce récit, où Jésus rencontre ses disciples dans la tempête, où il se révèle maître des forces de la mort et sauveur de ses amis, se prépare et s'annonce le grand miracle. Jésus leur dit: *Confiance, c'est moi, n'ayez pas peur !* (v.27) Ses disciples ne s'y trompent pas. Ils *se prosternèrent devant lui et lui dirent: « Vraiment, tu es Fils de Dieu ! »* (v.33) Oui, Jésus est l'éternellement Présent. En lui se manifeste la vie de Dieu, victorieuse de nos peurs et de nos morts. Au jour de Pâques, le Ressuscité pourra dire à ses amis: *La paix soit avec vous* (Jn 20,19). Une paix que rien ne pourra leur enlever.

Guillaume est parti dans la paix. Il se savait aimé par ses proches. Et il se savait aimé par Dieu. Dans l'Evangile de Jean, Jésus prononce des paroles de paix alors qu'il approche de sa mort: *Que votre cœur ne se trouble pas: vous croyez en Dieu, croyez aussi en moi* (14,1). Et Jésus donne le sens de cette paix de Dieu *qui surpasse toute intelligence* (Ph 4,7): *Je reviendrai et je vous prendrai avec moi, si bien que là où je suis, vous serez vous aussi* (Jn 14,3).

Jésus le Christ est ressuscité ! Il a vaincu la mort. Et sa victoire, il nous la donne. Elle est pour Guillaume; elle est pour chacun de nous. Notre frère connaissait cette route d'éternité ouverte par le Christ, son Sauveur. *Je suis le chemin et la vérité et la vie,* lui disait Jésus. *Personne ne va au Père si ce n'est par moi* (v.6). Les larmes de la séparation ne sauraient nous faire oublier l'espérance qui portait Guillaume, et qui peut demeurer la nôtre.

Son départ laisse un grand vide. Mais il nous reste le cri de sa foi: *Seigneur, sauve-moi !* Ce cri, nous pouvons le pousser avec lui, même si, comme Pierre, nous sommes des *hommes de peu de foi* (Mt 14,31). Nous posséderons alors, avec notre frère, la promesse de partager le salut et la résurrection en Jésus-Christ. Amen.

Amitié / Fidélité / Prière

33
Je vous appelle amis
Jean 8,50-51
Jean 15,11-15

Les paroles de Jésus que nous venons d'entendre évoquent la fidélité. Fidélité de Jésus à sa mission, dans sa volonté d'apporter au monde le salut et la vie éternelle. Fidélité des disciples de Jésus à leur Maître; une fidélité qui n'est pas servitude, mais qui deviendra la plus solide des amitiés.

Fidélité, amitié, voilà deux mots qui évoquent l'existence de Geneviève. Vous êtes tous là pour en témoigner. Elle fut fidèle à sa famille, à ses amis, et à Dieu, vers lequel régulièrement elle se tournait dans la prière. Jésus nous dit, dans son Evangile, que là réside une semence d'éternité.

Si quelqu'un garde ma parole, il ne verra jamais la mort (Jn 8,51). Telle est la promesse du Seigneur. C'est une invitation à lui rester fidèle. Les vieilles Bibles de mariage ne sont pas faites pour prendre la poussière sur les étagères. Leurs paroles, au fil du temps, ne réclament qu'à se graver dans les cœurs, pour donner la vie. La vie pour maintenant et la vie pour toujours.

Parce que l'amitié de Jésus est la plus fidèle qui soit, notre relation avec lui ne saurait être interrompue par la mort. Le Christ est heureux avec nous, et il nous veut heureux avec lui. C'est lui qui nous dit: *Que ma joie soit en vous et que votre joie soit parfaite* (15,11). Une joie parfaite n'a pas de fin. C'est celle de l'amour de Dieu dans notre cœur.

Aimez-vous les uns les autres comme je vous ai aimés (v.12), dit le Seigneur. L'amour de Dieu précède tout amour. Il est la source de toute affection et de toute amitié. Geneviève ressentait le besoin de s'abreuver à cette source. Et elle voulait que l'eau s'en répande, à travers les relations fidèles qu'elle tissait autour d'elle.

Je vous appelle amis, dit encore Jésus, *parce que tout ce que j'ai entendu de mon Père, je vous l'ai fait connaître* (v.15). Nous expérimentons cela: l'amitié engendre la connaissance, et la connaissance engendre l'amitié. Jésus n'avait pas hésité à se confier à ses disciples. A travers eux, il se confie encore à nous. A travers lui, il nous révèle qui est notre Père. Il nous révèle que Dieu est notre ami, et qu'il le demeurera toujours.

En Jésus-Christ, Dieu se fait frère, le Tout-Puissant se fait serviteur, le Juge proclame son pardon, le Créateur vient faire toutes choses nouvelles. Cela, il n'est possible de le croire que dans la manifestation de Jésus-Christ. Car apparemment rien n'a changé. Les accidents, la maladie, la faiblesse sont des signes évidents de la présence du mal et de la mort dans ce monde. Rassemblés autour du cercueil de notre amie, il est difficile de croire que la mort est vraiment morte.

De même qu'il était difficile, pour les disciples de Jésus, de croire qu'en cet homme, leur compagnon de route, résidait la plénitude de la divinité et la puissance qui bientôt vaincrait la mort. Il a fallu qu'ils fassent l'expérience de la plus complète déchéance, celle de la souffrance de Jésus et de sa mort la plus abjecte, pour découvrir, le jour de Pâques, la vérité profonde de ses promesses, dans la lumière de la résurrection. L'incroyable est devenu possible. C'est bien ici, dans ce monde, que Dieu est venu nous rejoindre. Ce sont nos souffrances et nos morts qu'il est venu accompagner, pour les conduire dans sa vie.

Telle est l'amitié de Dieu. Non pas une puissance écrasante, mais la plus grande des proximités. En nous sauvant, le Christ nous apprend à aimer: *Nul n'a d'amour plus grand que celui qui se dessaisit de sa vie pour ceux qu'il aime* (v.13).

Garder la parole (8,51) de Jésus, c'est conserver précieusement le trésor d'une relation possible avec celui qui, en faveur de chacun de nous, a vaincu la mort. Sa parole nous fait comprendre que le salut se reçoit et s'accueille dans la foi, comme un cadeau que Dieu nous fait. Jésus disait encore: *Je n'ai pas à chercher ma propre gloire: il y a Quelqu'un qui y pourvoit* (v.50). Il n'a pas cherché à préserver sa vie, à se sauver lui-même. Sa vie, Jésus l'a donnée, pour devenir le frère de tous. Dans ce don, il a manifesté la gloire de l'amour. Dans sa résurrection, il a manifesté la gloire de la vie. Dans toute son existence, il a manifesté la gloire de Dieu.

Dieu le Père a glorifié son Fils en le ressuscitant d'entre les morts, permettant ainsi que sa vie donnée ouvre les portes de l'éternité à tous ses amis. *Si quelqu'un garde ma parole*, dit Jésus, *il ne verra jamais la mort*. Amen.

Bonté / Discrétion / Noël

34
Votre cœur se réjouira
Jean 3,16-17
Jean 16,19-22

Vivre un deuil dans la période de Noël ! Le deuil d'une personne aimée est toujours difficile. Mais être dans la tristesse quand les autres font la fête, c'est particulièrement lourd à porter. Le départ de Clémence vous laisse dans cette situation que Jésus décrivait à ses disciples : *Vous allez gémir et vous lamenter tandis que le monde se réjouira* (Jn 16,20).

La joie de Noël est éclipsée par la douleur. Cependant, nos épreuves d'aujourd'hui nous rappellent que le premier Noël n'était pas que gaieté. Personne n'a voulu accueillir Marie et Joseph à la recherche d'un abri. Seuls les plus pauvres, qui gardaient leurs moutons dans la nuit, ont été témoins de l'événement. Jésus enfant fut rapidement menacé par la haine jalouse du tyran Hérode, au point que ses parents furent obligés de fuir avec lui en Egypte.

Il n'est pas sans importance de nous rappeler cela aujourd'hui. En fait, Noël apporte un éclairage inattendu sur le deuil que vous traversez. En Jésus, Dieu est venu nous trouver dans nos détresses. Il habite nos misères pour y déposer sa lumière. Dieu ne se manifeste pas dans un monde imaginaire où tout irait bien. *Dieu a tant aimé le monde – ce monde dans lequel nous vivons et mourons – qu'il a donné son Fils, son unique, pour que tout homme qui croit en lui ne périsse pas mais ait la vie éternelle* (3,16).

En Christ, Dieu a épousé notre condition humaine avec toutes ses fragilités. C'est l'une des significations de la fête de Noël. Jésus a partagé les épreuves de nos souffrances. Il a connu le deuil. L'horreur de la mort des autres, et les affres de sa propre mort. En tout cela, il restait présence de Dieu. Présence du Dieu créateur, plus fort que le néant et la mort. Jésus-Christ est ressuscité le matin de Pâques. Ce jour-là, il a manifesté sa victoire définitive sur la mort. Noël mène à Pâques. Dieu a pris notre condition humaine pour que notre humanité prenne part à sa condition divine.

La foi de notre sœur était discrète. Discrète comme la présence de Dieu dans l'enfant de la crèche. Discrète comme l'amour qui donne sans chercher à recevoir en retour.

Dans la discrétion, dans l'humilité, *Dieu a envoyé son Fils dans le monde pour que le monde soit sauvé par lui* (v.17). Jésus est le sauveur du monde. Il est le sauveur de notre sœur Clémence. Pour elle aussi, parce que Dieu l'a aimée comme sa fille, la mort n'aura pas le dernier mot.

C'est cette espérance, ou la soif de cette espérance, qui nous réunit. Même si une telle attente nous paraît complètement folle ou irrationnelle. La promesse de Jésus semblait également incroyable à ses plus proches amis. Mais, sachant l'épreuve qui les attendait, il voulait les préparer à recevoir sa paix : *Vous serez affligés mais votre affliction tournera en joie* (16,20).

Jésus marchait vers la mort. Et ses disciples vers le désespoir. Avant cette marche dans la nuit, Jésus allume une petite lumière d'espérance. C'est celle de Noël, qui brille encore et qui brillera toujours. Dieu l'avait promise depuis le temps des anciens prophètes : *Quand les montagnes feraient un écart et que les collines seraient branlantes, mon amitié loin de toi jamais ne s'écartera* (Es 54,10).

Se pourrait-il que l'amour, qui trouve sa source en Dieu, puisse disparaître ? Se pourrait-il que l'amour soit soudainement définitivement éteint par la mort ? *Vous êtes maintenant dans l'affliction,* disait Jésus à ses disciples ; *mais je vous verrai à nouveau, votre cœur alors se réjouira, et cette joie, nul ne vous la ravira* (Jn 16,22).

Il ne s'agit pas seulement de la joie du tombeau vide, puis des rencontres furtives avec Jésus ressuscité, le jour de Pâques. Cette joie, *nul ne vous la ravira.* C'est celle de la communion avec le Seigneur, pour toujours. C'est la paix de Dieu. La mort ne l'anéantit pas ; elle la conduit à son accomplissement. Cette paix qui fut annoncée aux bergers dans la nuit de Bethléem : *Gloire à Dieu au plus haut des cieux et sur la terre paix pour ses bien-aimés* (Lc 2,14). Celle de Dieu qui nous appelle à renaître.

Noël fête toutes les naissances. Celle de Jésus, et celles de toutes créatures. La vie est ensuite une suite de renaissances, de conversions, d'occasions à saisir pour revenir à Dieu, pour écouter sa Parole, pour suivre le Christ dans la générosité du service et dans la foi. La mort enfin est une naissance. Un élan vers le mystère mais pas complètement vers l'inconnu. Car Jésus, notre frère, nous accompagne sur le chemin de sa vie nouvelle.

Sa promesse concerne tous ceux qui l'auront suivi : *Vous êtes maintenant dans l'affliction, mais je vous verrai à nouveau, votre cœur alors se réjouira* (Jn 16,22). Amen.

Foi discrète / Généralités / Noël

35
Christ, notre frère
Actes 10,34-43

Au tout début de l'histoire chrétienne, les premiers disciples de Jésus se posaient une question: le salut, la vie nouvelle apportée par le Christ, concernait-il les Juifs seulement, les membres du peuple que Dieu s'était choisi, ou bien tous les êtres humains ? Notre lecture apporte la réponse. Elle commence par l'émerveillement de l'apôtre Pierre: il vient de comprendre, en présence d'un centurion romain prénommé Corneille, que le salut est vraiment pour tous. Même pour un soldat païen de l'armée d'occupation ! *Je me rends compte*, dit l'apôtre, *en vérité, que Dieu est impartial !* (Ac 10,34). Oui, tous peuvent trouver *accueil auprès du* Seigneur (v.35).

Dieu est Père de tous. Jésus-Christ *est le Seigneur de tous les hommes* (v.36). L'amour du Père pour tous s'est manifesté dans la vie de son Fils Jésus, qui a apporté *la bonne nouvelle de la paix* (v.36). Souvenons-nous: c'est ce que les anges de Bethléem chantaient à Noël: *Sur la terre, paix pour les hommes, les bien-aimés de Dieu* (Lc 2,14). Ils n'annonçaient pas l'absence de guerres ou de souffrances. Mais ils proclamaient que le monde allait entrer dans une ère nouvelle, de laquelle toute peur pourrait être bannie. Et notamment, la peur de Dieu et la peur de la mort.

L'apôtre Pierre nous offre dans son discours un résumé saisissant de la vie et du message du Seigneur. Il présente Jésus comme le frère, solidaire de tous les humains prisonniers de leurs fautes ou de leurs faiblesses. Jésus est le libérateur, venu pour un combat contre tout ce qui nous détruit. Jésus est la vie de Dieu qui ne sait qu'aimer: *il est passé partout en bienfaiteur* (v.38).

Ce témoignage rendu à l'amour du Père, jamais Jésus ne l'a renié. Il a tenu bon pour rester en toutes circonstances le messager du salut de Dieu, y compris devant ceux qui le rejetaient et qui avaient décidé sa mort. Sa vie, Jésus l'a offerte. *Ils ont supprimé Jésus en le pendant au bois.* Mais *Dieu l'a ressuscité le troisième jour* (v.39-40). Désormais, dans sa mort se trouvent notre guérison et notre espérance.

Nous le savons parce que l'apôtre Pierre et ses compagnons eurent le privilège d'être les témoins de son retour à la vie. Pierre, qui avait renié trois fois le Christ, est maintenant prêt à mourir pour l'annonce de sa résurrection: *Jésus a manifesté sa présence... à nous qui avons mangé avec lui et bu avec lui après sa résurrection d'entre les morts* (v.40-41). Il fallait en effet pouvoir attester que le Ressuscité de Pâques était bien ce Jésus de Nazareth que ses disciples avaient suivi, qu'il était bien le crucifié du Vendredi Saint.

Jésus est donc vivant ! En lui, la mort a été vaincue. Voilà ce que les apôtres, puis l'Eglise chrétienne, vont proclamer dans le monde entier. Mais Jésus ne vit pas pour lui seul; il n'a d'ailleurs jamais vécu pour lui-même. Jésus est pour les autres. Et la grande découverte de l'apôtre Pierre, dans cet épisode, c'est que le Christ est vivant pour tous ! Son pardon, son salut, sa victoire sur la mort, sa vie éternelle, il nous les donne en partage !

Plein d'assurance et de joie, Pierre déclare que *c'est Jésus que Dieu a désigné comme juge des vivants et des morts* (v.42). Christ nous donne rendez-vous. Il nous attend pour de grandes retrouvailles, là où souffrances, larmes et deuils auront disparu. Sous son regard, dans sa lumière, dans la confrontation avec son amour et sa sagesse, notre vie apparaîtra dans toute sa vérité. Nous verrons clairement ce que nous avons été, et ce que nous serons toujours avec lui.

Nous réaliserons combien nous avons été loin de lui, combien nous sommes indignes de son pardon. Mais que cela ne nous effraie pas ! Car nous réaliserons aussi, en toute vérité, ce que notre Juge, le Christ, est pour nous. Nous *connaîtrons l'amour du Christ qui surpasse toute connaissance* (Ep 3,19). Le seul regard qui sera posé sur nous sera celui d'un amour qui n'attend que l'accueil de son pardon. *Le pardon des péchés est accordé par le Christ à quiconque met en lui sa foi* (Ac 10,43).

Pouvons-nous penser à notre frère en écoutant ce passage de la Bible ? Que savait Edmond de son salut ? Discret dans sa foi, il n'en a rien dit.

Sa maladie et sa mort ont fait de lui le frère du Dieu souffrant, de celui qui fut jadis *pendu au bois* (v.39), cloué sur une croix par la faute des hommes. Nous comprenons aujourd'hui que *la bonne nouvelle de la paix par Jésus-Christ* (v.36) est pour tous. Christ s'est rendu proche de ceux qui souffrent et de ceux qui meurent. Il est *venu chercher et sauver ce qui était perdu* (Lc 19,10).

Notre frère demeure maintenant dans la présence du Seigneur; il contemple la plénitude du pardon et de l'amour. Amen.

Agriculture / Faiblesse / Longue vie / Nature

36

La bonne nouvelle de la paix par Jésus-Christ
Psaume 121 / Esaïe 40,6b-8
Actes 10,36-43

Depuis la ferme le regard s'attarde sur les pâturages et la forêt. Puis la contemplation s'élève vers les hauteurs... Les paroles du Psaume 121 s'invitent à notre esprit : *Je lève les yeux vers les montagnes... Le secours me vient du Seigneur, l'auteur des cieux et de la terre...* (Ps 121,1.2)

La vie a souvent été rude pour Isabelle. Pouvait-elle, dans les moments d'épreuve, s'accrocher à ces mots de louange : *Le Seigneur est ton gardien... Il gardera ta vie. Le Seigneur gardera tes allées et venues, dès maintenant et pour toujours ?* (v.5.8) Croyons qu'il reste possible, jusque dans la mort, de s'appuyer sur la fidélité de Dieu.

Sur cette fidélité, nos pâturages nous en disent long ! La nature semble morte, étouffée par la neige pendant l'hiver, mais elle renaît au printemps. L'herbe sèche, elle est coupée, puis elle repousse, pour donner sa nourriture au bétail. Une force de vie extraordinaire est à l'œuvre dans la nature. Une force de vie qui trouve sa source dans la Parole de Dieu.

L'herbe sèche, la fleur se fane, dit le prophète Esaïe, *mais la parole de notre Dieu subsistera toujours* (Es 40,8). Le prophète précise que nous pouvons en tirer un enseignement pour nous : *Tous les êtres de chair sont de l'herbe* (v.7). Comme l'herbe, notre vie est fragile. Affaiblie par son grand âge et par son handicap, Isabelle subissait cette fragilité dans son corps.

Pourtant, dans cette faiblesse même résidait une promesse d'éternité. *La Parole de notre Dieu subsistera toujours* (v.8)... Dieu ne garde pas jalousement son éternité pour lui-même. Il a voulu nous la faire partager en venant prendre part à notre finitude.

Pour nous le faire comprendre, Jésus utilisait une autre comparaison agricole : *En vérité, en vérité, je vous le dis, si le grain de blé qui tombe en terre ne meurt pas, il reste seul ; si au contraire il meurt, il porte du fruit en abondance* (Jn 12,24). En disant cela, Jésus parlait de sa vie humaine, unie à la nôtre dans toute sa fragilité. Mais il annonçait aussi sa mort et sa résurrection, en faveur de nous tous.

C'est cet événement rempli d'espérance qui est proclamé par l'apôtre Pierre. Il tourne nos regards vers le grain de blé, vers cet homme semblable à tous les hommes, que fut Jésus de Nazareth. Mais cet homme avait ceci de particulier : dans la fragilité de son existence, et même dans ses souffrances, il était le témoin de la fidélité de Dieu, l'incarnation de son amour pour tous. *Dieu était avec lui* (Ac 10,38). Et il était avec Dieu. Par la puissance de ses œuvres et par l'intensité de son amour, il manifestait qu'en lui, Dieu était avec nous.

Jésus-Christ, Pierre l'affirme, *est le Seigneur de tous les hommes* (v.36). Il a envoyé son message à quelques uns, mais ce n'était pas pour que le bienfait en soit réservé à ces privilégiés ; c'était pour qu'il soit, par eux, transmis à tous.

La plupart des contemporains de Jésus sont restés sourds à son message. Parler d'amour, de pauvreté et de justice à un monde de haine, de profits égoïstes et de violence, cela passe mal. Et cela passe toujours aussi mal ! Alors, dit Pierre, *lui, ils l'ont supprimé en le pendant au bois* (v.39) de la croix. Le grain de blé est mort.

En faveur de ces hommes qui n'en voulaient pas, c'est dans cette mort que Dieu a manifesté la plénitude de son amour. *Dieu l'a ressuscité le troisième jour... C'est lui que Dieu a désigné comme juge des vivants et des morts... Le pardon des péchés est accordé par son Nom à quiconque met en lui sa foi.* (v.40.42.43) Le grain de blé a porté du fruit en abondance.

Le Seigneur gardera ta vie, maintenant et pour toujours (Ps 121,7-8), promettait notre psaume. Cette promesse a trouvé en Jésus-Christ son accomplissement.

La force de vie qui garde le monde et qui garde notre vie, c'est Jésus-Christ. Il les garde parce que lui, le premier, est vivant à jamais, vivant avec nous et vivant pour nous. Il les garde en nous accueillant tels que nous sommes, et en nous invitant à nous réjouir de son pardon : *le pardon des péchés est accordé à quiconque met en lui sa foi* (Ac 10,43).

Il les garde en étant le Juge de notre vie. Jésus-Christ connaît les dimensions et les profondeurs les plus cachées de notre existence. Non pas pour la condamner, mais pour la réconcilier avec Dieu. Sa vie est devenue la nôtre, nos vies et nos morts sont devenues les siennes.

Jésus-Christ nous dévoile le visage du Dieu qui nous attend pour nous juger et nous accueillir : ce visage est celui du pardon et de l'amour.

C'est donc en toute confiance que nous pouvons remettre notre sœur entre ses mains. La vie du Christ qui a vaincu la mort est pour elle. Et c'est en confiance que nous pouvons dès maintenant, nous aussi, nous remettre entre les mains du Seigneur. *La bonne nouvelle de la paix par Jésus-Christ* (v.36) est pour chacun de nous. Le chant du psaume reste le nôtre : *Le Seigneur est ton gardien. Le Seigneur est ton ombrage. Il est à ta droite.* (Ps 121,5) Amen.

Maladie longue / Nature / Souffrance

37

Les douleurs de l'enfantement
Romains 8,18-23

Les souffrances du temps présent (Rm 8,18) que l'apôtre Paul évoque dans ce passage n'ont pas épargné André. Il a connu le deuil, la maladie et l'approche inexorable de la mort. Avec ceux qui l'ont aimé et entouré, il a été confronté aux limites douloureuses de notre existence.

La faille que l'homme ressent ainsi dans son être est le reflet d'une blessure qui touche l'univers tout entier. Elle est la conséquence d'un fait terrible et mystérieux: le mal et la mort sont *entrés dans le monde* (Rm 5,12).

Il ne s'agit pourtant pas de quelque chose de définitif. Paul y voit le signe d'une attente. L'attente d'une délivrance, dans laquelle tout ce qui blesse l'être humain et la création sera anéanti.

Notre frère aimait passionnément cette création. Il trouvait sa joie dans la nature, au cœur des forêts ou dans les grandes marches vers les sommets. Là, il lui était donné de contempler l'œuvre du Créateur. Il pouvait saisir bien des aspects de l'amour paternel de Dieu. Mais la contemplation de la nature ne nous dit pas tout sur son Auteur. Il lui arrive même de nous poser de redoutables questions.

Parce que la nature, telle que nous la connaissons, n'est pas toujours belle. La forêt peut être détruite par la tempête. Les avalanches se déclenchent le long des plus beaux versants enneigés. La nature peut soudainement prendre des aspects terrifiants. L'apôtre Paul écrit que *la création est soumise à l'esclavage de la corruption... Elle gémit...* (v.21.22)

Les soupirs de l'être humain font partie de l'immense soupir de la création. *Nous aussi*, dit encore Paul, *nous gémissons intérieurement, attendant la délivrance pour notre corps* (v.23). Il évoque ici toutes les expériences douloureuses de l'humanité. Il évoque celles de notre frère, qui a connu les douleurs du deuil, d'une longue maladie, d'une servitude liée à un affaiblissement progressif. Sans se plaindre, il attendait une délivrance, et c'est la mort qui est survenue.

L'apôtre Paul nous annonce ce matin que la mort d'André n'est pas le dernier mot de son existence. Dans sa lettre aux Romains, il s'adresse à des chrétiens terriblement éprouvés par les persécutions. Quand il évoque la souffrance et la mort, c'est en connaissance de cause. Il s'adresse à eux pour faire renaître en leur cœur la flamme de l'espérance...

J'estime, écrit l'apôtre, *que les souffrances du temps présent sont sans proportion avec la gloire qui doit être révélée en nous* (v.18). Le calme de la forêt revient après la tempête. Le soleil illumine à nouveau les versants montagneux après l'avalanche. Le printemps et l'été remplacent l'hiver. La nature nous montre la force toujours renouvelée de la vie.

Paul utilise une autre comparaison: *La création tout entière gémit maintenant encore dans les douleurs de l'enfantement* (v.22). Jésus lui-même, pour redonner espoir à ses disciples, avait utilisé cette même image de l'accouchement: *Lorsque la femme enfante, elle est dans l'affliction puisque son heure est venue; mais lorsqu'elle a donné le jour à l'enfant, elle ne se souvient plus de son accablement, elle est tout à la joie d'avoir mis au monde un être humain* (Jn 16,21). Et il ajoutait: *Vous êtes maintenant dans l'affliction ; mais je vous verrai à nouveau, votre cœur alors se réjouira, et cette joie nul ne vous la ravira* (v.22). Jésus parlait de ses propres souffrances et de sa propre mort, pour signifier à ses disciples qu'elles ne seront pas une fin; pour signifier que la vie et la joie reprendront leurs droits, et cela pour l'éternité.

L'espérance que Paul allume dans le cœur de ses lecteurs se fonde sur cet événement : la mort et la résurrection de Jésus-Christ. Jésus, le Fils de Dieu, a été *libéré de l'esclavage de la corruption* (Rm 8,21); il a vaincu la mort.

Paul annonce qu'il en sera de même pour nous parce que le Christ nous a unis à lui. Paul dit que nous possédons *les prémices de l'Esprit* (v.23). En nous, le Christ vient déjà demeurer par son Saint Esprit. Il est toujours avec nous sur le chemin de la vie; il est avec nous dans nos souffrances, dans nos maladies et dans nos morts, pour nous conduire avec lui dans sa résurrection.

En Jésus-Christ, Dieu s'est fait notre frère. En lui, Dieu fait de nous ses enfants, des enfants qui auront part au même héritage que le Christ, le premier-né d'entre les morts. André était aimé de Dieu. Désormais, sur le seuil de sa maison, notre Père l'attend pour lui donner de partager en plénitude sa vie et son amour, éternellement.

La souffrance du monde, les épreuves de ses amis, ne conduisent pas l'apôtre Paul au désespoir. Comme les douleurs de l'enfantement, les drames de nos existences peuvent devenir l'annonce d'une rédemption, d'un salut, d'une vie nouvelle. Vivre avec le Christ vivant nous permet de jeter sur l'univers et sur nous-mêmes un regard chargé d'espérance et de foi.

Aujourd'hui, nos yeux remarquent l'absence d'un parent, d'un ami. Ils pleurent la détresse d'une famille endeuillée. Mais nos cœurs tristes révèlent la profondeur d'un amour. Et dans la foi, nous pouvons aussi retrouver, sur le chemin de notre existence, la présence de l'amour de Dieu. D'un amour dont le Christ nous a manifesté qu'il était tellement grand que rien, jamais, ne saurait nous en séparer. Amen.

Dépression / Foi fragile / Souffrance

38

Ta main ne me lâche pas
Psaume 139,1-12
Romains 8,31-39

Valérie n'a pas eu une vie facile. Elle a connu la maladie, les souffrances physiques et morales. Elle a expérimenté ces détresses et ces angoisses dont parle l'apôtre Paul.

Dans ces circonstances, ce n'est pas toujours évident de persévérer dans la foi. Le Psaume 139 évoque la proximité de Dieu: *Derrière et devant, tu me serres de près, tu poses la main sur moi* (Ps 139,5). Quelle merveilleuse assurance !

Notre sœur a malheureusement souvent expérimenté une autre réalité: *Les ténèbres m'engloutissent, la lumière autour de moi est la nuit !* (v.11) Ténèbres de l'angoisse, du doute, de la peur... Et elle a pu constater que Dieu ne nous sort pas forcément de cette nuit. Par contre, elle pressentait qu'il nous y accompagne. C'est alors que *les ténèbres* peuvent effectivement devenir *lumière* (v.12).

Ta main me conduit, ta droite me tient (v.10), remarque encore ce Psaume 139. Dieu nous garde effectivement, à chaque instant et pour toujours, alors même que tout s'écroulerait dans notre existence. C'est ce que l'apôtre Paul veut nous faire comprendre : *Si Dieu est pour nous, qui sera contre nous ?* (Rm 8,31)

Mais la Bible reste très réaliste. Les promesses de l'Ecriture ne consistent pas à affirmer que tout finira toujours par s'arranger ici bas dans l'existence de celui qui compte sur Dieu. Elle ne cache pas la réalité du mal en ce monde. Elle affirme très clairement que nous ne sommes pas encore dans le Royaume de Dieu. Même un grand croyant comme Paul a connu la souffrance, l'angoisse, la persécution, la faim, la pauvreté et le danger. Il ne faisait en cela que suivre la voie de son Seigneur, Jésus-Christ le torturé.

Croire que Dieu nous garde, c'est affirmer que *rien ne peut nous séparer de son amour* (v.39), même les situations les plus intenables. Dans la maladie, dans la dépression, dans la solitude, dans le deuil, il est possible de garder conscience que Dieu est proche *des cœurs brisés* (Ps 34,19), qu'en Jésus-Christ il a communié à toute souffrance humaine.

Cette prise de conscience détient en elle-même une puissance extraordinaire. Elle nous fait réaliser que chaque existence, devant Dieu, possède une valeur infinie: *Dieu n'a pas épargné son propre Fils, mais il l'a livré pour nous tous, comment, avec son Fils, ne nous donnerait-il pas tout ?* (Rm 8,32) Même blessée, même malade, même coupable ou seulement inactive, même au plus profond de l'angoisse ou de la souffrance, mon existence a du prix, parce que Dieu m'a aimé, parce qu'il m'aimera toujours sans que rien ne puisse m'arracher à son amour.

Jésus-Christ est mort, bien plus il est ressuscité, lui qui est à la droite de Dieu et qui intercède pour nous ! (v.34) Notre avenir se trouve assuré. La résurrection de Jésus sera la nôtre. Son héritage sera le nôtre. Et même sa prière devient la nôtre, quand nous ne savons plus prier, quand nous n'avons même plus la force de crier à Dieu !

Dieu est pour nous (v.31). Savoir cela aide à dire oui à la vie. La vie est merveilleuse et tragique. Elle est remplie d'instants de bonheur et de souffrances. L'amour de Dieu nous rend capables de l'accepter.

Il nous rend en même temps capables de lui donner sa vraie dimension. *Ni la mort ni la vie ne pourront nous séparer de l'amour de Dieu manifesté en Jésus-Christ, notre Seigneur* (vv.38-39). Car la vie en Christ est davantage que la vie biologique.

L'Esprit du Christ nous unit au Ressuscité. Il nous unit à Dieu. Il nous unit à la vie de Dieu. Il nous unit au Créateur qu'aucune créature ne peut détruire. Voilà pourquoi notre être est gardé par Dieu pour toujours.

Nous voici donc revenus aux affirmations remplies d'espérance du Psaume 139: *Où m'en aller, pour être loin de ton souffle ? Où m'enfuir, pour être loin de ta face ? Je gravis les cieux, te voici ! Je me couche aux enfers, te voilà !* (Ps 139,7-8) Peu de temps avant sa mort, Jésus disait: *Vous me verrez vivant et vous vivrez vous aussi... Je suis en mon Père et vous êtes en moi et moi en vous* (Jn 14,19-20). Nous vivrons avec le Christ. Dans ses bonheurs et ses souffrances, Valérie fut gardée dans la communion avec Dieu. Elle y demeure maintenant, dans l'attente de sa résurrection.

Par son Esprit, le Christ se donne à chacun de nous. Il s'unit à nous pour nous faire vivre de sa vie. L'Esprit Saint, qu'est-ce d'autre que cette présence de Dieu qui est pour nous, pour toujours ? Lui laisserons-nous un peu d'espace dans notre existence ? Nous laisserons-nous gagner par la joie de se savoir aimés, par cette certitude que *rien ne pourra nous séparer de l'amour de Dieu manifesté en Jésus-Christ, notre Seigneur* (Rm 8,39) ? Amen.

Maladie / Montagne / Recherche / Solitude

39

Nous vivons pour le Seigneur
Lamentations 3,19-26
Romains 14,7-12

Nous venons d'entendre deux textes de la Bible. Le premier nous montre une espérance qui jaillit du désespoir le plus profond. Le second fonde cette espérance sur une victoire définitive, celle du Christ qui *est mort et qui a repris vie* (Rm 14,9). Deux textes pour trouver la paix dans la détresse. Une paix non pas fictive mais réelle, fondée sur une relation, celle que Dieu veut avoir et maintenir avec nous.

La mort de notre frère Ernest réveille en nous le sentiment de la fragilité de notre vie. Peut-être même une certaine angoisse à l'idée de notre propre mort.

Nous nous trouvons un peu dans la situation de l'écrivain biblique qui se lamentait devant les désastres survenus à son peuple. Lui-même se sentait abandonné. Il décrivait en deux mots sa détresse: *absinthe et poison* (Lm 3,19). Et il ajoutait cette expression : *Je suis miné par mon propre cas* (v.20). Il serait difficile de dire précisément à quoi il faisait allusion. Mais cette phrase évoque encore aujourd'hui la souffrance de tant de malades. Comment ne pas penser à la situation de notre frère, *miné* intérieurement par les ravages de sa maladie ?

Pourtant, le prophète n'en reste pas là. Une espérance se fait jour. Elle se fonde sur un souvenir, le seul finalement qui importe: Dieu est bon, Dieu est tendresse. Au-delà du désespoir, la fidélité du Seigneur ouvre un avenir: *Les tendresses du Seigneur ne sont pas achevées ! Elles sont neuves tous les matins.* (vv.22-23)

Le matin... Ce moment du réveil est devenu un symbole de résurrection. Les églises sont généralement orientées vers l'est, vers le soleil levant, rappel du Christ ressuscité, réveillé, au matin de Pâques.

Combien de merveilleux matins notre frère a-t-il contemplés, lors de ses marches en montagne ? Quel spectacle étonnant, chargé de sens, que le soleil levant sur les sommets ! Serait-ce un clin d'œil du Créateur, pour nous rappeler sa beauté ? Dieu est artiste, et il l'est pour nous. *Les tendresses du Seigneur sont neuves tous les matins...* Le prophète biblique nous invite, dans un silence contemplatif, à rendre grâce et à attendre... Attendre la révélation en plénitude du visage aimant de Dieu. *Il est bon d'espérer en silence le salut du Seigneur* (v.26).

Ernest était aussi un chercheur de Dieu. Il se posait beaucoup de questions. *Il est bon, le Seigneur,* écrit le prophète, *pour qui l'attend, pour celui qui le cherche* (v.25).

Nous le cherchons nous aussi, certainement. Confrontés au mystère de la mort, nous l'appelons. Et voici qu'en Jésus-Christ, c'est lui qui vient nous trouver.

L'apôtre Paul a fait cette découverte qui a bouleversé son existence. La lumière du Christ l'a aveuglé, puis l'a remis debout. Paul, qui était un ardent persécuteur des premiers chrétiens, a eu sa vie transformée par la rencontre de Jésus-Christ ressuscité.

Il a compris le sens ultime de son existence: *Si nous vivons, nous vivons pour le Seigneur; si nous mourons, nous mourons pour le Seigneur* (Rm 14,8). Sa vie a trouvé sa signification: non plus repliée sur de fausses assurances, mais ouverte à la dimension de Dieu. Paul a donné sa vie à Celui qui lui a tout donné.

Ernest souffrait de solitude. L'apôtre nous dit que, désormais, plus personne n'est solitaire. En Christ, Dieu est pour nous, et nous sommes pour Dieu. *Nous sommes au Seigneur* (v.8), écrit l'apôtre. Cette réalité demeure, même dans la mort. C'est une certitude pour Paul. Dieu s'est tellement attaché à nous que rien ne pourra jamais nous séparer de son amour.

Cette dimension d'éternité, semée dans notre existence par l'Esprit du Christ ressuscité, peut rayonner dès ici-bas. Communier à l'amour sans limite transfigure la vie. Paul écrit encore: *aucun de nous ne vit pour soi-même* (v.7). Il exhorte à ne pas juger et à ne pas mépriser les autres (v.10). Il nous place en face de notre responsabilité d'enfants de Dieu: *Chacun de nous rendra compte à Dieu pour soi-même* (v.12).

Un jour, d'une manière ou d'une autre, le Christ posera sur nous son regard en nous interrogeant: *M'aimes-tu ?* (Jn 21,16) C'est la chaleur de cette question qui fait entrer dans la vraie vie.

Nous ne pouvons pas répondre à la place de notre ami. Nous ne pouvons répondre que pour nous-mêmes. Peut-être avec les paroles du prophète: *Ma part, c'est le Seigneur; c'est pourquoi j'espèrerai en lui* (Lm 3,24). Jésus-Christ est notre espérance. Il nous attend dans la vie comme dans la mort. Amen.

40
Dieu fait toutes choses nouvelles
Esaïe 65,17-19.25c
1 Corinthiens 15,1-5.11

Quand l'un des nôtres part, emporté par les souffrances de la maladie, se pose cette question: Pourquoi la mort ? La médecine parvient de nos jours à faire reculer de manière significative l'échéance de certains décès, elle sait aussi soulager des souffrances. Mais la réalité demeure, apparemment inéluctable...

Nos lectures bibliques proclament pourtant une autre issue. Elles annoncent que Dieu fait toutes choses nouvelles. Déjà le renouvellement de la création est commencé. Et c'est avec raison que nous pouvons espérer que, au-delà de nos détresses présentes, le meilleur est néanmoins devant nous.

Israël, le peuple de Dieu, aimait la vie. Il aspirait à la paix sur sa terre. De la Bible jaillit sa joie d'exister, à travers des chants, de la musique, de la danse.

Pourtant, il lui est arrivé de connaître les détresses les plus effroyables: l'esclavage, la famine, la peste, la persécution, la guerre, la déportation... De la Bible surgissent aussi des cris d'effroi, quand frappent la maladie, la souffrance et la mort.

Et voici que retentit la Parole de Dieu, une parole chargée de promesses et d'espérance. Les prophètes rappellent que Dieu est Créateur, que Dieu est un Père plein de tendresse, que le Seigneur garde pour tous un projet de vie et de bonheur. Le Seigneur voulait et réclame toujours un monde d'où le mal serait définitivement banni.

C'est dans ce sens que prophétise Esaïe. Dieu renouvellera une création abîmée par le mal: *Je vais créer des cieux nouveaux et une terre nouvelle* (Es 65,17), dit le Seigneur. Cette promesse se fonde sur la joie d'aimer. Le prophète rappelle l'amour fou de l'Eternel en faveur de son peuple.

Oui, il ne peut en être autrement. Parce que Dieu est amour, le monde ne saurait rester ce qu'il est. Il sera transfiguré par l'amour. Il fera le bonheur de tous: *C'est un enthousiasme et une exultation perpétuels que je vais créer* (v.18).

Dieu ne restera pas inactif. Mais il agira du sein de son peuple. Il ne peut pas agir sans les humains. Une joie authentique ne peut jaillir que d'un cœur libéré. C'est de l'intérieur que s'opérera une transformation, une guérison radicale du cancer qui ronge le monde. *On n'y entendra plus retentir ni pleurs, ni cris* (v.19), promet le prophète. Dieu va venir au milieu du monde manifester sa victoire sur le deuil et sur la mort.

Dieu est venu. Il est venu en notre chair pour changer nos cœurs et nos vies. Il est venu montrer que, dans notre pâte humaine, le pardon et l'amour sont possibles. Il est venu manifester que la vie de son Esprit réside au cœur du monde, au cœur de nos vies, pour les guérir, les recréer, les ressusciter.

Voilà ce que l'apôtre Paul tient à rappeler aux premiers chrétiens de Corinthe. Ce n'est pas pour rien qu'ils sont devenus croyants. Ils sont devenus croyants pour remettre leur existence entre les mains de Jésus-Christ. C'est lui, leur Sauveur. C'est lui, Dieu avec nous ! C'est en lui que la création nouvelle a commencé.

Paul en rappelle l'historique, les événements qui fondent notre foi et notre espérance: *Christ est mort, il a été enseveli, il est ressuscité le troisième jour*, et il est apparu à ses amis (1Co 15,3-5). On ne mesure peut-être plus la portée que ces affirmations avaient pour Paul, pour les premiers chrétiens, et qu'elles gardent pour nous aujourd'hui. A un moment donné de l'histoire humaine, au jour de Pâques, la mort a été vaincue. Paul précise même que Jésus ressuscité *est apparu à plus de cinq cents frères à la fois* (v.6), dont certains, quand il écrivait, étaient encore vivants pour en témoigner. En l'homme Jésus-Christ, la vie de Dieu a été la plus forte.

Voilà ce que nous proclamons et voilà ce que vous avez cru (v.11), dit Paul. Cela peut devenir la source d'un renouvellement intérieur pour nous qui sommes dans le deuil et la tristesse. Le Christ a vaincu la mort. S'il s'est fait voir à ses disciples pour qu'ils en expérimentent la réalité, si les apôtres ont préféré le martyre plutôt que de renoncer à la proclamation de cette nouvelle, c'est parce que la victoire de Jésus ressuscité est aussi notre victoire. C'est pour nous qu'il est mort et qu'il est vivant. C'est pour Charles aujourd'hui. Le Christ fut *prémices de ceux qui sont morts* (v.20), afin que tous avec lui passent de la mort à la vie. Jésus nous l'a promis: *Vous vivrez vous aussi* (Jn 14,19).

Si nous sommes assemblés en ce lieu aujourd'hui, c'est parce que la maladie et la mort exercent encore leurs ravages dans notre monde. Elles nous ont arraché Charles. L'un des nôtres nous a quittés dans la souffrance et nous sommes dans le deuil.

Mais si nous sommes assemblés ici, c'est aussi pour entendre une parole, celle de Jésus qui nous dit: *Vous êtes affligés mais votre affliction tournera en joie* (Jn 16,20). Jésus disait cela en évoquant sa mort prochaine, ainsi que sa résurrection.

Maintenant, nous savons que le Christ est vivant. Nous croyons même qu'il est présent au milieu de nous. Sa présence en nous est celle de la vie de Dieu; elle est semence d'éternité. Jésus nous conduit avec lui, avec notre frère Charles, en ce lieu où *l'on n'entendra plus retentir ni pleurs, ni cris* (Es 65,19). Amen.

Angoisse / Croyant / Epreuves / Maladie

41
Un temps d'angoisse
Daniel 12,1-4
2 Corinthiens 4,14-18

Dans sa toute première lettre, celle qu'il écrit aux Thessaloniciens, l'apôtre Paul différencie ainsi l'attitude du croyant de celle de l'incroyant devant la mort: les chrétiens *ne sont pas dans la tristesse comme les autres, qui n'ont pas d'espérance* (1Th 4,13). Notre société, encore aujourd'hui, a tellement besoin d'une espérance solide ! Or c'est la Bible qui nous révèle, calmement, sobrement, progressivement, le fondement d'une telle espérance.

Notre passage du livre de Daniel représente, dans l'Ancien Testament, le témoignage le plus explicite concernant la résurrection des morts. Une espérance commence à se lever, à se préciser, au cours de la longue marche du peuple de Dieu, dans l'attente du Messie. Une espérance dans la ligne de la foi profonde d'Israël en un Dieu créateur de vie, de liberté, capable de faire *du neuf* (Es 43,19): *Beaucoup de ceux qui dorment dans le sol poussiéreux se réveilleront* (Dn 12,2).

Cette possibilité d'un réveil après la mort est assortie de l'idée d'un jugement: certains se réveilleront *pour la vie éternelle,* d'autres *pour l'opprobre, pour l'horreur éternelle* (id.). L'imagerie religieuse s'est emparée de ce texte pour représenter avec un réalisme parfois effrayant le jugement dernier.

Elle oubliait la suite du texte qui affirme que *la connaissance augmentera* (v.4). Il ne s'agissait que d'une étape dans la révélation. Cette description devait être affinée et recevoir un éclairage nouveau grâce à Celui qui allait subir *l'opprobre et l'horreur* pour que nous en soyons délivrés. L'annonce de Daniel doit être relue dans la lumière du Christ.

Pour l'instant, le prophète nous laisse dans *un temps d'angoisse* (v.1). Une angoisse qui, avouons-le, nous étreint parfois quand nous sommes confrontés au mystère de la mort. Une angoisse que Franck a ressentie dans sa chair.

La Bible ne sous-estime pas le caractère épouvantable de la mort. Mais elle apporte aussi de la lumière dans les ténèbres. Le livre de Daniel offre des éléments de réconfort qui peuvent nous aider à vivre dans l'espérance le départ de Franck. Le prophète proclame une promesse de *vie éternelle* (v.2), et il est l'un des premiers à le faire. Il annonce aussi pour les justes un avenir radieux: ils *resplendiront comme la splendeur du firmament..., comme les étoiles, à tout jamais* (v.3). Dieu connaît la justice et la bonté qui habitaient le cœur de notre frère.

Enfin, Daniel évoque effectivement un jugement. Mais un jugement dont la révélation doit attendre le *temps de la fin* (v.4). Il ne dévoile pas tout. En tant que chrétiens, nous savons désormais que le Juge suprême est le vainqueur de la mort. Nous savons qu'il a pris en Jésus-Christ le visage du pardon et de l'amour.

Plus élevé que tous les *princes* (v.1), il est devenu le serviteur de tous. En partageant la souffrance de la créature, il nous a offert une vision renouvelée de la justice de Dieu: le Seigneur est du côté de toutes les victimes, de tous les blessés de la vie. Sa justice a pour nom miséricorde et pardon, même en faveur de ses bourreaux, même en faveur de ceux qui l'ont rejeté, condamné et cloué sur une croix.

Voilà pourquoi l'apôtre Paul n'a plus peur. Voilà pourquoi, dans la détresse, il reste capable de se réjouir de l'avenir. Il porte en lui cette tranquille assurance: *Nous le savons, celui qui a ressuscité le Seigneur Jésus nous ressuscitera nous aussi avec*

Jésus et il nous placera avec vous près de lui (2Co 4,14). Tout est dit: même si nous avons été contre le Christ, lui ne sera jamais contre nous. Nous serons avec lui.

Voilà la joie du chrétien. Dans la foi, la crainte passe à l'arrière plan, que ce soit devant la mort ou devant le jugement, parce que Jésus nous a révélé que *Dieu est amour* (1Jn 4,8).

Certes, il reste difficile de parler de joie quand la vie accumule les échecs, les conflits, les deuils, et aussi ces maladies qui, en affaiblissant le corps, le conduisent inexorablement vers la mort. Remarquons que c'est exactement ce que décrit l'apôtre Paul: *en nous, l'homme extérieur va vers sa ruine* (2Co 4,16). L'apôtre sait de quoi il parle; il fait allusion à ses propres expériences d'homme persécuté, blessé, fatigué, malade...

Paul n'en est pas moins délivré de la peur. Bien sûr, il aime la vie; il est heureux de son ministère d'apôtre; il garde de l'affection pour ces gens de Corinthe auxquels il s'adresse. Comme Franck qui aurait tellement préféré passer encore de bons moments avec vous tous.

Mais Paul a acquis une si haute idée de l'existence, qu'il comprend qu'elle ne saurait demeurer à jamais dans la souffrance et les larmes. Sa rencontre du Christ ressuscité lui a fait réaliser que la culpabilité, la détresse et la mort ne sont pas le dernier mot de Dieu. La vie ne sombre pas dans le néant. Elle garde toujours un avenir, celui du Christ, ressuscité et glorieux: *Notre objectif n'est pas ce qui se voit, mais ce qui ne se voit pas ; ce qui se voit est provisoire, mais ce qui ne se voit pas est éternel.* (v.18)

Même quand il est *à bout de souffle* (Ps 143,4), le croyant, comme l'apôtre Paul, est exhorté à *ne pas perdre courage* (2Co 4,16). Jésus-Christ, qu'il connaît déjà par l'Evangile et par la foi, l'attend pour une vie nouvelle, dans la lumière de sa résurrection. Amen.

Conversion / Espérance / Foi / Humilité / Paix / Sérénité / Service

42

Calme et confiance

Esaïe 30,15

Philippiens 2,1-5

La lettre de l'apôtre Paul aux chrétiens de la ville de Philippes vient de nous exposer tout un programme en vue de vivre unis, dans la communauté qu'est l'Eglise, mais aussi dans la petite communauté que constitue la famille: *Comblez ma joie en vivant en plein accord !* (Ph 2,2) Cette unité, Paul la fonde sur un appel commun reçu de Jésus-Christ; il parle d'*une communion dans l'Esprit* (v.1), c'est-à-dire dans l'amour, la foi et l'union à Dieu.

De tout son cœur, Nicole a tenté de vivre cela. Avec ses proches autant que dans la vie paroissiale, elle était habitée par ce désir d'une communion profonde en Christ, fondée sur la Parole de Dieu.

Ceux qui ont connu Nicole reconnaîtront certains aspects de sa vie et de son caractère dans les comportements décrits par l'apôtre Paul: *Ne faites rien par rivalité, rien par gloriole, mais, avec humilité, considérez les autres comme supérieurs à vous* (v.3). Elle ne se mettait pas en avant, elle s'abstenait de critiquer, elle savait reconnaître les qualités de toute personne. Elle trouvait sa joie dans sa relation aux autres et dans le service désintéressé.

Mais elle a connu aussi des moments difficiles. Elle savait ce qu'étaient la souffrance et le deuil. Elle n'en gardait pas moins une foi paisible, contagieuse, tournée vers les autres : *un élan d'affection et de compassion* (v.1), écrit l'apôtre Paul.

Où puisait-elle cette énergie ? Certes sa santé était solide, mais son corps semblait parfois si fragile ! Elle avait un cœur reconnaissant. Elle avait fait sienne cette parole du Psaume 103: *Bénis le Seigneur, ô mon âme, et n'oublie aucune de ses largesses* (Ps 103,2). Dans les circonstances les plus diverses, elle savait reconnaître la main de Dieu. Elle se souvenait que le Christ était toujours à ses côtés.

Cette assurance l'empêchait de se recroqueviller sur elle-même, de se lamenter sur ses propres soucis ou sur ses faiblesses. Elle pouvait lever les yeux pour regarder plus loin. Elle se savait aimée ; sa vocation était donc de s'émerveiller et d'aimer.

Paul nous enseigne aussi où trouver la force de l'humilité et de l'amour. Ce qu'il décrit pourrait sembler irréalisable ou utopique. Nicole nous a prouvé qu'il était possible de laisser cela germer dans nos vies. Et Paul annonce Celui qui seul a parfaitement réalisé ce programme: le Christ Jésus. Le Seigneur a ouvert pour tous le chemin d'une vie nouvelle.

Comportez-vous ainsi entre vous, écrit Paul, *comme on le fait en Jésus-Christ* (Ph 2,5). Oui, il est possible de changer son comportement en vivant uni au Christ, par la foi. Il est possible de faire de sa vie un témoignage lumineux de pardon, d'amour, de service et d'espérance en ouvrant son cœur à l'Esprit de Jésus-Christ.

Changer de comportement, transformer sa vie, cela porte un nom dans la Bible: c'est la conversion, le retour de tout son être à Dieu. Le prophète Esaïe exhortait ainsi son peuple à trouver en Dieu sa paix: *Votre salut est dans la conversion et le repos, votre force est dans le calme et la confiance* (Es 30,15).

Une vie chrétienne n'est pas un exploit. C'est simplement la paix reçue de Dieu en Jésus-Christ, qui nous donne d'être en paix avec nous-mêmes et avec les autres. Quand on se sait aimé et sauvé par le Seigneur, on n'a plus besoin de se faire valoir aux yeux des autres. Seul compte le regard de tendresse que Dieu pose sur nous-mêmes. Une vie reçue peut être donnée. Elle repose entre les mains du Seigneur, maintenant et toujours. Cette assurance apportait *calme et confiance* à Nicole, même à l'approche de sa mort. Elle savait que rien, jamais, *ne pourrait la séparer de l'amour de Dieu manifesté en Jésus-Christ, notre Seigneur* (Rm 8,39).

Et nous, que faisons-nous de notre vie ? Nicole a vécu au milieu de nous comme un témoin. Elle nous a rappelé qu'une existence toute simple peut être habitée par la présence de Dieu et nourrie de sa Parole.

Jésus-Christ est le chemin et la vérité de notre vie. Il est venu nous apporter la paix et le salut. Il est avec nous maintenant; il restera avec nous toujours.

Votre salut est dans la conversion et le repos (Es 30,15), dit le prophète. Le Seigneur conduit au repos, non pas à celui de la mort, mais à celui du cœur. Au repos d'une vie qui se sait entre ses mains, pour toujours. Saurons-nous, à notre tour, répondre à ses appels ? Amen.

Maladie psychique / Noël / Solidarité familiale / Souffrance longue

43
Le Seigneur sera pour toi la lumière de toujours
Esaïe 60,1-2. 18-20
Colossiens 3,1-4

Le passage du livre d'Esaïe que nous venons d'entendre se lit pendant la période de Noël et de l'Epiphanie. *Mets-toi debout et deviens lumière, car elle arrive ta lumière* (Es 60,1). Pour nous, la lumière s'est levée dans la venue de Jésus-Christ, notre Sauveur.

A l'époque du prophète, ce texte évoquait, suite à la terrible épreuve de l'exil du peuple d'Israël, la restauration de la ville sainte et de son temple. On attendait le rétablissement complet et définitif du signe visible de la présence de Dieu au milieu de son peuple. On discernait dans la splendeur du temple un signe proclamant la gloire de Dieu devant toutes les nations, et les prémices d'une paix enfin retrouvée.

Cependant, le prophète voit bien plus loin qu'une simple restauration religieuse et politique d'Israël. Le rétablissement du culte dans le temple de Jérusalem ne sera qu'un signe, celui de la venue effective de Dieu au milieu des siens. C'est pourquoi nous écoutons ces paroles dans le temps de Noël. *Les ténèbres couvrent la terre et un brouillard, les cités, mais sur toi le Seigneur va se lever* (v.2). Esaïe annonce une lumière qui dissipera toutes les ténèbres du monde, semence d'un Royaume sans *violence*, sans *dégâts* (v.18).

L'Evangile de Noël proclame que le Christ est *la vraie lumière qui, en venant dans le monde, illumine tout homme* (Jn 1,9). Oui, tout homme et toute souffrance dont l'homme est victime, même quand sa vie peut paraître dans la nuit, absorbée par la force de la maladie. Francis faisait partie de ces personnes qui ont eu à porter, pendant des années, le poids d'une souffrance intérieure pareille au *brouillard qui couvre les cités* (Es 60,2). Et sa famille, avec lui, se trouvait prise dans ce filet de détresse, dans une lutte à mener ensemble, solidaires, contre la destruction intérieure.

Le courage de son épouse et de ses enfants, leur amour plus fort que le mal, furent pour Francis un signe tangible de la victoire de Dieu et de sa tendresse. A travers l'amour des siens, Francis expérimentait l'amour du Christ. Pour lui déjà se levait une lumière.

Jésus-Christ les accompagnait dans leurs joies et leurs peines, intimement présent au cœur de leurs vies. Cette présence portait la promesse d'une victoire plus grande encore, plus éclatante. Quand nous témoignons de l'amour de Dieu, nous semons une espérance plus forte que la mort. Écoutons les paroles du prophète: *le Seigneur sera pour toi la lumière de toujours, c'est ton Dieu qui sera ta splendeur* (v.19). On trouve dans cet oracle d'Esaïe une promesse d'éternité et de plénitude, qui ne possède pas son origine en nous-mêmes mais dans le don gratuit de Dieu.

Les jours de ton deuil seront révolus (v.20). Nous avons besoin de cette parole d'espérance. Nous croyons que les ténèbres de la mort sont vaincues par la lumière éclatante de la résurrection du Christ. Ce que la prophétie d'Esaïe entrevoyait au-delà de la restauration de Jérusalem, l'apôtre Paul le proclame comme une réalité désormais accomplie.

Vous êtes ressuscités avec le Christ ! (Col 3,1) Pour Paul, cela ne fait aucun doute. Jésus-Christ est ressuscité des morts, la résurrection est donc un acquis. En Christ, en faveur de tous, la mort a été vaincue.

Affirmer cela, ce n'est pas fermer naïvement les yeux sur la réalité encore terriblement présente de la mort, ni sur la douleur de la séparation d'avec ceux que nous avons aimés. Mais quand Paul évoque notre mort, il ne peut désormais faire autrement que de l'unir à celle du Christ.

Jésus-Christ a connu les souffrances physiques et morales. Il a touché le fond de l'abîme de la détresse humaine. Il a pleuré et crié avec les paroles de tous les désespérés de la terre: *Mon âme est triste à en mourir* (Mt 26,38)... *Mon Dieu, mon Dieu, pourquoi m'as-tu abandonné ?* (Mt 27,46) Il a connu la mort avec son cortège épouvantable de douleurs. Mais s'il nous a rejoints dans nos souffrances et notre mort, c'est pour nous conduire dans sa vie.

Voilà pourquoi Paul ne peut pas séparer la mort de la lumière de la résurrection. Pour l'instant, *votre vie reste cachée avec le Christ en Dieu* (Col 3,3). Notre vie n'est pas seulement ce qui se voit. Elle ne s'éteint pas avec la réalité mystérieuse de la mort. Notre vie porte en elle, secrètement, sa victoire sur la mort. Cette victoire, c'est le Christ vivant, hôte invisible de nos cœurs par son Esprit que nous découvrons par la foi.

Au-delà de ce qui se voit, la résurrection est davantage qu'une promesse. Elle est vraiment une espérance. Parce qu'elle se fonde sur une victoire pleinement acquise, celle du Christ au matin de Pâques. Ce qui différencie l'espérance de l'espoir, c'est qu'elle *ne trompe pas* (Rm 5,5). Un jour, il nous sera donné de nous émerveiller de ce qui reste encore caché à nos yeux. *Quand le Christ, votre vie, paraîtra*, écrit Paul, *alors vous aussi, vous paraîtrez avec lui en pleine gloire* (Col 3,4). A Noël, Jésus s'est uni à nous afin de nous unir à lui, pour toujours.

La misère et les souffrances de notre frère ont pris fin. Le Christ l'attend désormais pour lui donner la paix de son Royaume. *Le Seigneur sera pour lui la lumière de toujours* (Es 60,19). Amen.

44
Il m'a été fait grâce
Psaume 121 / Romains 12,10-13
1 Timothée 1,12-17

Qu'est-ce que la vie d'un homme ? La Bible nous dit qu'elle *ressemble à du vent* (Ps 144,4). Les textes bibliques que nous avons entendus témoignent de réalités fragiles ou solides de la vie : des moments de lumière, de travail, de joie et de service... Et des périodes plus difficiles de détresse, de deuil, de maladie, de faiblesse, de violence, de péché...

C'est ce qui constitue notre vie à tous. Mais ces deux passages de l'apôtre Paul sont unanimes, les derniers aspects, les plus sombres, sont appelés à être transfigurés par la victoire de Jésus-Christ. Il est donc possible de rester *patient dans la détresse* (Rm 12,12) quand on décide de se mettre à l'écoute et au service du Seigneur.

Le Christ a emprunté lui-même un chemin de détresses et de souffrances, qui a débouché finalement sur son salut et sa victoire. Quand l'apôtre Paul exhorte ses correspondants à *fuir le mal avec horreur* (v.9), c'est parce qu'il a compris que tel a toujours été le sentiment du Seigneur. Dieu a en horreur ce qui nous détruit, moralement et physiquement.

Chaque page de l'Evangile nous le montre. Et toutes les paroles de Jésus proposent un chemin de reconstruction, fondé sur le pardon, édifié sur l'amour pour Dieu et pour le prochain, pacifié par la foi qui remet l'existence entre les mains du Seigneur, et encouragé par l'espérance, qui contemple la résurrection de Jésus comme la victoire de Dieu sur tout ce qui nous démolit et, en dernier lieu, sur la mort elle-même.

Raymond savait que *le secours lui viendrait du Seigneur* (Ps 121,2). Il avait besoin du pardon du Seigneur, de l'assurance de sa grâce, et de se rappeler que, par sa résurrection, le Christ s'offrait à lui pour lui faire partager sa victoire. *Je suis le bon Berger*, dit Jésus : *le bon berger se dessaisit de sa vie pour ses brebis. Mes brebis écoutent ma voix, et je les connais, et elles viennent à ma suite. Je leur donne la vie éternelle* (Jn 10,11.27.28).

C'est une promesse certaine de la Bible. Mais écoutons-nous la voix du bon Berger ? Suivons-nous ses pas ? Notre vie est jalonnée de refus et de doutes.

Paul dit encore : *Que l'amour soit sincère... attachez-vous au bien* (Rm 12,9). Et là, nous sentons qu'un abîme s'ouvre sous nos pieds : celui de nos limites, celui du péché, celui de notre hypocrisie et de cet égoïsme qui nous pousse à ne nous attacher qu'à nous-mêmes. Nous ne sommes pas toujours des brebis ; il nous arrive trop souvent d'être des loups.

L'apôtre Paul nous livre sa propre expérience : *Moi qui étais auparavant blasphémateur, persécuteur et violent* (1Tm 1,13). Il n'exagère pas. Il avait effectivement du sang des premiers chrétiens sur les mains.

Et pourtant, il sait qu'il est pardonné et sauvé par ce Jésus qu'il a pourchassé. Il peut exprimer toute sa reconnaissance : *Il m'a été fait miséricorde* (id.). Cela signifie que Dieu ne regarde plus son passé. Il le voit désormais avec le regard de son Fils sur la croix : un regard qui pardonne les violences ; un regard de souffrance, en communion avec toutes les victimes ; le regard de Dieu, source de vie nouvelle.

Elle est digne de confiance, cette parole, et mérite d'être pleinement accueillie par tous, écrit encore Paul : *Christ Jésus est venu dans le monde pour sauver les pécheurs dont je suis, moi, le premier* (v.15). Ce salut, Paul l'a expérimenté dès sa conversion au Christ, dès qu'il s'est tourné vers le Seigneur avec confiance pour lui consacrer sa vie. Il a reçu la joie du pardon, la paix avec Dieu et les hommes, un élan d'amour, de service et de témoignage en faveur de tous.

La vie de l'apôtre n'a pas été plus facile pour autant. C'est même le contraire qui s'est produit. Il a enduré privations et persécutions en marchant à la suite du Crucifié. Mais il pouvait rester *patient dans la détresse* (Rm 12,12), parce que son regard portait plus loin que *les souffrances du temps présent* (8,18). Son témoignage reste un exemple pour ceux *qui croient en Jésus-Christ, en vue d'une vie éternelle* (1Tm 1,16).

Le secours me vient du Seigneur, l'auteur des cieux et de la terre (Ps 121,2). Croyons que Dieu nous fait grâce... En Jésus-Christ, il s'offre pour être, en faveur de chacun de nous, le pardon de Dieu, *la résurrection et la vie* (Jn 11,25). Amen.

Confiance / Croyant / Droiture

45
Le temps de mon départ est arrivé.
Psaume 34,2-15
2 Timothée 2,8-13

L'ange du Seigneur campe autour de ceux qui le craignent, et il les délivre (Ps 34,8), proclame le Psaume 34. Notre vie demeure entre les mains de Dieu. Il n'y pas *de crainte dans l'amour* (1Jn 4,18). En Dieu réside toute paix, un bonheur plus solide que tous nos plaisirs terrestres. Cette paix se reçoit, et cette paix se donne, elle se partage avec générosité.

Évite le mal, agis bien, recherche la paix et poursuis-la (Ps 34,15), exhorte encore notre psaume. Alice recherchait cette paix dans une vie droite, avec des principes, que d'aucuns pourraient considérer excessifs. Dans cette droiture, elle trouvait un chemin pour procurer la paix autour d'elle, pour prodiguer des trésors de générosité.

Un malheureux a appelé: le Seigneur a entendu et l'a sauvé de toutes ses détresses (Ps 34,7). Nul doute qu'Alice a souvent crié à Dieu. Les réponses du Seigneur n'ont pas toujours été celles qu'elle espérait. Mais la prière dans la foi s'en remet à la volonté de Dieu : *Ma grâce te suffit* (2Co 12,9), dit le Seigneur. Les détresses, les malheurs n'épargnent personne. Mais il est possible de les remplir de la présence de Dieu.

J'ai cherché le Seigneur, dit encore le psaume, *et il m'a répondu, il m'a délivré de toutes mes terreurs* (Ps 34,5). Dieu est délivrance. Dieu est réponse, gardons-en l'assurance. Il répond au-delà des limites de nos espoirs terrestres, il répond même au-delà de la mort. Le psaume 34 est une prière qui fut sans doute prononcée par le Christ lui-même. Peut-être au moment de sa passion, à l'approche de sa mort. Avec cette promesse: *Ceux qui ont regardé vers le Seigneur sont radieux* (v.6). Jésus-Christ a connu les affres de la souffrance et de l'agonie. Mais nous savons qu'il est ressuscité. Il a ouvert un chemin dans lequel la lumière de Dieu brille plus forte que les ténèbres de la mort. La vie de Jésus est pour nous l'assurance que Dieu *délivre ceux qui le craignent* (v.8). Dans sa résurrection, il annonce une vie éternelle possible pour Alice et pour chacun de nous.

Jésus-Christ ressuscité, c'est lui que l'apôtre Paul a rencontré. Il en a été bouleversé. Son existence en a été complètement transformée. C'est en Christ que Paul a trouvé la paix; c'est pour lui qu'il est prêt à mourir.

En effet, quand Paul écrit ces phrases à Timothée, il rédige peut-être sa dernière lettre. Il lègue à son ami son testament spirituel. Paul est probablement prisonnier à Rome et pressent sa prochaine condamnation à la peine capitale: *Le temps de mon départ est arrivé* (2Tm 4,6).

C'est le moment, pour lui, de résumer son espérance, avec le rappel de la foi qui a orienté toute son activité: *Souviens-toi de Jésus-Christ, ressuscité d'entre les morts, issu de la race de David* (2,8).

Jésus est né à Bethléem, dans la ville du roi David. En notre monde, en nos pauvretés, il a révélé la présence de Dieu. Jésus a grandi, il a cheminé dans notre histoire. Victime de la violence humaine, il est mort. Ressuscité, il s'est fait ensuite reconnaître vivant à ses disciples. Et maintenant, la présence de Jésus-Christ avec nous demeure, autre, invisible, spirituelle, mais bien réelle.

Cela peut nous paraître curieux, mais Paul en fait particulièrement l'expérience dans les tribulations qu'il traverse. Il apprend à connaître le Christ dans *la communion à ses souffrances* (Ph 3,10). De nos jours, nous aurions tendance à voir dans nos misères une marque de l'absence de Dieu. Pour Paul, c'est exactement le contraire. Ses souffrances le rapprochent du Christ souffrant. C'est pour le Seigneur, écrit-il, que *je souffre jusqu'à être enchaîné comme un malfaiteur* (2Tm 2,9). Il est enchaîné pour le Christ et avec le Christ.

Oserais-je rapprocher l'expérience de l'apôtre de celle d'Alice ? A travers ses épreuves, elle a gardé la foi. Elle savait que, au-delà des apparences, elle n'était jamais seule. Un ami fidèle lui tenait la main: Jésus-Christ. A l'approche de sa mort elle aurait pu se remémorer ces paroles d'un croyant: *Comblé, je me couche et m'endors, car toi seul, Seigneur, me fais demeurer en sécurité* (Ps 4,9). Dans la mort, un chrétien sait qu'il n'est pas abandonné, et qu'elle est un passage vers une vie nouvelle. *Si nous mourons avec le Christ,* écrit Paul, *avec lui nous vivrons. Si nous souffrons avec lui, avec lui nous régnerons* (2Tm 2,11-12).

L'assurance que Paul recevait de son salut ne dépendait pas de ce qu'il avait fait. Elle dépendait de ce que le Christ avait fait pour lui, et qu'il avait accepté comme un cadeau. En son Fils, Dieu nous pardonne. *Si nous lui sommes infidèles, lui demeure fidèle* (v.13). Notre infidélité ne peut empêcher le Seigneur de demeurer fidèle dans sa volonté de nous garder avec lui et de nous aimer jusqu'au bout.

Si nous mourons avec lui, avec lui nous vivrons (v.11)... Alice est passée par la mort, avec le Christ qu'elle a voulu servir. C'est avec lui qu'elle est appelée à revivre, dans la joie d'un amour sans limite. A nous tous, elle a montré ce chemin de vie: *Souviens-toi de Jésus-Christ, ressuscité d'entre les morts* (v.8). Amen.

INDEX DES MOTS-CLES

Affection   *15, 47, 50, 84, 96, 109*
Agonie   *34*
Agriculture   *44, 121*
Amitié   *18, 44, 61, 77, 84, 119*
Amour   *102*
Angoisse   *30, 138*
Bonté   *115*
Boulanger   *61*
Campagne   *54, 102*
Cancer   *18, 135*
Chrétien pratiquant   *54*
Combat   *7*
Confiance   *54, 152*
Conversion   *142*
Création   *44*
Croyances diverses   *57*
Croyant   *68, 138, 152*
Culpabilité   *57, 99*
Dépression   *129*
Désespoir   *30, 93*
Deuils   *21, 71, 96*
Dévouement   *96*
Discrétion   *115*
Doutes   *64, 71*
Droiture   *41, 152*
Engagements   *15*

Epreuves   *11, 21, 37, 41, 54, 71, 109, 138*
Espérance   *57, 142*
Faiblesse   *121*
Famille   *27, 44*
Fidélité   *24, 74, 112*
Foi   *15, 21, 64, 74, 109, 142, 149*
Foi à découvrir   *50*
Foi discrète   *41, 81, 118*
Foi fragile   *129*
Foi humble   *37*
Foi simple   *105*
Gaieté   *15*
Généralités   *118, 135*
Générosité   *7, 11, 18, 99*
Grâce   *90, 149*
Humilité   *11, 142*
Incompréhension   *87, 90, 93*
Inquiétude   *68*
Jeune   *87*
Justice   *7*
Longue vie   *37, 41, 121*
Maladie   *7, 27, 61, 74, 84, 132, 138*
Maladie longue   *15, 125*
Maladie psychique   *145*
Maladie rapide   *18*

Mère   *64, 68*

Mission   *21*

Montagne   *77, 84, 132*

Mort brutale   *24, 27, 44, 87*

Nature   *37, 50, 84, 93, 102, 121, 125*

Noël   *11, 37, 54, 96, 115, 118, 145*

Non pratiquant   *44*

Œcuménisme   *64*

Pain   *61*

Paix   *142*

Pâques   *30, 34, 37*

Pardon   *149*

Peur   *47*

Peur de la mort   *30*

Prière   *24, 112*

Questions sur la résurrection   *105*

Recherche   *68, 132*

Renouveau   *149*

Repas   *105*

Révolte   *71*

Sentiment d'injustice   *27, 93*

Sérénité   *142*

Service   *7, 21, 142*

Simplicité   *37, 64*

Solidarité familiale   *145*

Solitude   *132*

Solitude affective   *81*

Souffrance   *27, 61, 125, 129, 135*

Souffrance longue   *145*

Suicide   *47*

Suicide assisté   *77*

Tous   *30, 57, 90, 93, 102*

Veille   *24*

INDEX DES LECTURES BIBLIQUES

Genèse 1,26-31 *44*

Genèse 21,14c-19 *47*

Esaïe 30,15 *142*

Esaïe 40,6b-8 *121*

Esaïe 46,3-4 *41*

Esaïe 60,1-2.18-20 *145*

Esaïe 60,18-20 *93*

Esaïe 65,17-19.25c *135*

Psaume 22,15-25 *34*

Psaume 23 *44, 50, 54, 102, 105*

Psaume 31,2-6 *24*

Psaume 34,2-15 *152*

Psaume 39,5-8.13a *87*

Psaume 62,6-13 *96*

Psaume 88,2-6.10 *71*

Psaume 121 *77, 84, 121, 149*

Psaume 139,1-12 *81, 129*

Job 19,25-27 *21, 74*

Lamentations 3,19-26 *132*

Daniel 12,1-4 *138*

Matthieu 5,1-12 *7*

Matthieu 11,25-30 *11, 96*

Matthieu 11,28-30 *15*

Matthieu 14,22-33 *109*

Matthieu 25,31-40 *18*

Matthieu 28,16-20 *21*

Marc 13,33-37 *24*

Marc 14,32-36 *27*

Marc 15,33 – 16,6 *30*

Marc 16,9-15 *34*

Luc 1,46-52 *11*

Luc 2,25-32 *37, 41*

Luc 12,35-40 *44*

Luc 23,33-43 *47*

Luc 24,13-16.28-35 *50*

Jean 3,16-17 *54, 115*

Jean 5,24-29 *57*

Jean 6,26-40 *61*

Jean 6,35-40 *64, 71*

Jean 6,35-40.67-69 *68*

Jean 6,60-69 *74*

Jean 8,50-51 *112*

Jean 10,6-11 *77*

Jean 10,14-16 *81, 84*

Jean 10,14-16.27-28 *50*

Jean 11,17-27 *87*

Jean 11,20-27 *90*

Jean 11,32-45 *93*

Jean 12,23-26 *96*

Jean 12,24-26 *99*

Jean 14,1-6   *27, 102, 105, 109*
Jean 15,11-15   *112*
Jean 16,19-22   *115*
Actes 10,34-43   *118*
Actes 10,36-43   *121*
Romains 6,3-9   *81*
Romains 8,18-23   *125*
Romains 8,31-39   *105, 129*
Romains 12,10-13   *149*
Romains 14,7-9   *77*
Romains 14,7-12   *132*
1 Corinthiens 11,23-26   *61*
1 Corinthiens 13,1-8a.13   *102*
1 Corinthiens 15,1-5.11   *135*

2 Corinthiens 4,5-10   *47*
2 Corinthiens 4,14-18   *138*
Ephésiens 2,4-10   *90*
Philippiens 2,1-5   *142*
Philippiens 4,4-7   *15*
Colossiens 3,1-4   *145*
1 Thessaloniciens 4,13-14.17-18 *30*
1 Timothée 1,12-17   *149*
2 Timothée 2,8-13   *152*
2 Timothée 4,6-8   *7*
1 Pierre 1,3-9   *57*
1 Jean 3,14.16-20   *99*
1 Jean 4,7-10   *84*

TABLE DES MATIERES

Introduction	3
45 prédications pour des services funèbres	6
1. *Heureux ceux qui ont faim et soif de la justice*	7
2. *Il a élevé les humbles*	11
3. *Venez à moi, vous tous qui peinez*	15
4. *C'est à moi que vous l'avez fait*	18
5. *Disciple, avec le Christ*	21
6. *Veillez !*	24
7. *Mon âme est triste à en mourir*	27
8. *Mon Dieu, pourquoi m'as-tu abandonné ?*	30
9. *Comme l'eau je m'écoule*	34
10. *C'est en paix que tu renvoies ton serviteur*	37
11. *Jusqu'à votre vieillesse…*	41
12. *Rester en tenue de travail*	44
13. *Je n'en peux plus !*	47
14. *C'est bien vrai ! Le Seigneur est ressuscité !*	50
15. *Dieu a tant aimé le monde…*	54
16. *La résurrection de la chair*	57
17. *Jésus, le pain de Dieu, donne la vie au monde*	61
18. *Celui qui vient à moi n'aura pas faim*	64
19. *La volonté du Père*	68
20. *Le jour, la nuit, j'ai crié vers toi !*	71
21. *Mon Rédempteur est vivant*	74
22. *Aucun de nous ne vit pour soi-même*	77
23. *Assimilés à sa mort, nous le serons aussi à sa résurrection*	81
24. *Le secours me vient du Seigneur*	84

25. *Seigneur, entends mon cri !*	87
26. *Notre assurance en Christ*	90
27. *Si tu avais été ici !*	93
28. *Un Sauveur, qui est le Christ Seigneur*	96
29. *Par l'amour, passer de la mort à la vie*	99
30. *Habiter la maison du Seigneur*	102
31. *La maison du Père*	105
32. *Seigneur, sauve-moi !*	109
33. *Je vous appelle amis*	112
34. *Votre cœur se réjouira*	115
35. *Christ, notre frère*	118
36. *La bonne nouvelle de la paix par Jésus-Christ*	121
37. *Les douleurs de l'enfantement*	125
38. *Ta main ne me lâche pas*	129
39. *Nous vivons pour le Seigneur*	132
40. *Dieu fait toutes choses nouvelles*	135
41. *Un temps d'angoisse*	138
42. *Calme et confiance*	142
43. *Le Seigneur sera pour toi la lumière de toujours*	145
44. *Il m'a été fait grâce*	149
45. *Le temps de mon départ est arrivé*	152
Index des mots-clés	155
Index des lectures bibliques	157

Oui, je veux morebooks!

i want morebooks!

Buy your books fast and straightforward online - at one of world's fastest growing online book stores! Environmentally sound due to Print-on-Demand technologies.

Buy your books online at
www.get-morebooks.com

Achetez vos livres en ligne, vite et bien, sur l'une des librairies en ligne les plus performantes au monde!
En protégeant nos ressources et notre environnement grâce à l'impression à la demande.

La librairie en ligne pour acheter plus vite
www.morebooks.fr

 VDM Verlagsservicegesellschaft mbH
Heinrich-Böcking-Str. 6-8   Telefon: +49 681 3720 174   info@vdm-vsg.de
D - 66121 Saarbrücken   Telefax: +49 681 3720 1749   www.vdm-vsg.de

www.ingramcontent.com/pod-product-compliance
Lightning Source LLC
Chambersburg PA
CBHW020653300426
44112CB00007B/355